오늘, 그리스도인으로 살기

오늘, 그리스도인으로 살기
ⓒ 생명의말씀사 2024

2024년 7월 30일 1판 1쇄 발행
2024년 9월 10일   2쇄 발행

펴낸이 | 김창영
펴낸곳 | 생명의말씀사

등록 | 1962. 1. 10. No.300-1962-1
주소 | 서울시 종로구 경희궁1길 6 (03176)
전화 | 02)738-6555(본사) · 02)3159-7979(영업)
팩스 | 02)739-3824(본사) · 080-022-8585(영업)

지은이 | 오대식

기획 편집 | 이주나
디자인 | 최종혜
인쇄 | 예원프린팅
제본 | 보경문화사

ISBN 978-89-04-16889-7 (03230)

저작권자의 허락 없이 이 책의 일부 또는 전체를
무단 복제, 전재, 발췌하면 저작권법에 의해 처벌을 받습니다.

부서지고 깨어진 인생에 건네는 열여섯 번의 멘토링 　　　　　오대식 지음

오늘,
그리스도인으로 살기

생명의말씀사

목차

추천의 글 6
들어가는 글 10

1부 우리가 본 그리스도인

멘토링 01 임대차 계약 갱신하기 18
내 삶의 주인이 누구인지 알기

멘토링 02 너무 요란하게 믿지 않기 26
의심과 질문으로 답을 찾아가기

멘토링 03 갈라진 틈새로 햇빛 보기 38
삶이 찢기고 흔들리고 엉망일 때, 그 틈새로 하나님 보기

멘토링 04 서서히 삶의 자리 옮기기 48
경쟁의 자리에서 벗어나기

멘토링 05 최고 브랜드로 옷 입기 60
자랑의 옷, 정욕의 옷을 벗고 하나님의 핸드메이드로 옷 입기

멘토링 06 강도로 살지 않기 72
내 이익을 위한 신앙생활 하지 않기

멘토링 07 예쁘게 나이 먹기 84
마지막까지 하나님 의지하기

멘토링 08 통장의 잔고 버리기 96
헌신의 잔고, 신앙의 잔고가 내 것이 아님을 알기

2부 우리가 될 그리스도인

멘토링 09 무조건 성공하기 110
주님 말씀이 있는 곳에 내 발이 따라가기

멘토링 10 건강한 정신 소유하기 122
깊은 대화의 상대 잃지 않기

멘토링 11 내가 한 말 책임지기 134
작은 말도 책임지며 살아가기

멘토링 12 내 옷부터 먼저 찢기 144
내가 더 손해 보기, 말씀으로 내 옷을 먼저 찢기

멘토링 13 함께 울어 주기 154
우는 자들과 함께 울기

멘토링 14 시공간 촘촘하게 만들기 166
생활 속에서 말씀을 늘 곁에 두기

멘토링 15 늑대와 싸워 이기기 178
스승이신 예수님이 가신 길을 따라가기

멘토링 16 눈에는 눈, 이에는 이 포기하기 188
죽어야 생명을 얻는 하나님의 방법으로 살기

추천의 글

신앙생활이란 믿음의 고백을 삶으로 번역하는 과정이다. 번역의 과정을 거치지 않을 때 믿음은 허위의식이 되기 쉽다. 저자는 열여섯 편의 글을 한결같이 '알기, 찾아가기, 벗어나기, 울기'처럼 일부 용언의 어간에 붙어 그 단어를 명사로 만들어 주는 '~기'라는 어미로 마감했다. 신앙생활이란 실천궁행을 통해 고백을 자기 삶의 태도 혹은 지향으로 만들어야 한다는 확신이 반영된 제목이 아닐까 싶다. 저자는 우리가 당연하게 생각하는 신앙적 통념을 성서 신학이라는 체로 걸러내 신앙의 알짬을 드러낸다. 그 알짬을 교리적 언어가 아닌 일상의 언어로 풀어내기에 그의 언어는 경쾌하지만 내용은 결코 가볍지 않다. 이 책을 우리 신앙생활을 비추어 보는 거울로 삼으면 좋겠다.

김기석 청파교회 원로 목사, 「고백의 언어들」 저자

곱씹을수록 얼얼하다. '정말 이렇게 설교했다고?' 성도의 욕망을 대놓고 건드리는 난감한 주제를 이렇게 거침없이 전했다니 참 배포가 큰 설교자다. 그러고도 여전히 설교하게 하다니 참 너그러운 교회다. 과감하지만 흥분하지 않고 차분히 설득한다. 천성에 기대어 온유하게 전하니 불편한 요구일지라도 진심이 통했나 보다.

낯익음과 낯섦 사이에서, 도전과 격려 사이에서, 이상과 현실 사이에서 균형을 유지하면서도 할 말을 다 하는 원숙한 현장 목회자의 지혜와 품격이 드러난다. 각 장마다 한 문장씩은 꼭 건지는 책이다.

박대영 광주소명교회 책임 목사, 성서유니온 「묵상과 설교」 책임 편집

청년 시절부터 30년 이상 함께해 온 오대식 목사님의 말씀에는 특별한 따뜻함과 위로가 있다. 말씀대로 살려고 하시는 순결함에서 묻어나오는 울림이 고스란히 느껴지기 때문이다. 이 책은 주어진 삶의 현장에서 그리스도인으로서 어떻게 살아갈 것인가를 고민하는 성도들에게 하나님의 관점에서 우선순위를 재조정하는 시간을 갖게 한다.

"인간은 부서진 채 태어나고 수선하며 살아간다. 신의 은총이 그 접착제다"라는 말처럼 그리스도인으로 살면서 부서지고 찢어진 부위에 하나님의 사랑과 위로의 접착제가 필요한 독자들에게 이 책을 추천한다.

박권우 이대부고 진로진학부장, 「수박 먹고 대학 간다」 저자

자동차 점검 항목 중 '휠 얼라인먼트'(wheel alignment)가 있다. 과속방지턱을 무리하게 넘어 충격을 받거나, 타이어를 오랜 시간 사용하면 정렬이 미세하게 틀어져 핸들을 똑바로 쥐고 운전해도 차량이 좌우로 쏠리는 현상이 발생한다. 바쁜 일상을 핑계로 점검을 받지 않고 주행하다 보면 자칫 위험한 일이 생길 수도 있다.

우리 일상에도 '얼라인먼트'가 필요하다. 하나님만이 소망이라고 고백하면서도 후회에 쏠리고 불안감에 휘청이며 하나님을 향한 정렬을 잃어버리기 때문이다. 이 책을 읽으며 비교와 원망, 욕망과 오만으로 한껏 쏠려 있던 내 모습을 발견했다. 오직 하나님을 향해 정렬된 삶, 단정하고 단단하게 '오늘'을 살도록 삶의 태도를 다정하게 안내해 주는 이 책을 많은 분이 꼭 읽어 보면 좋겠다.

조에스더 엘 컴퍼니 대표, 연세대 겸임교수, 「너에게 무슨 말을 먼저 꺼낼까」 저자

들어가는 글

"아! 네가 예수 믿는 사람이었구나! 그래서 그랬구나."
"그래, 예수 믿는 사람들은 뭔가 달라도 달라!"

다시 이런 소리를 듣고 싶습니다.
교회는 지속가능할까요? 이 질문은 요즘 교계의 화두입니다. 이 질문을 하는 이유는 교회를 보면 마음이 무거워지기 때문입니다. 교회의 다음세대를 생각하면 가슴이 먹먹해지기 때문입니다. 제가 사랑하는 교회, 평생을 바쳐 섬겨 온 교회인데 그 교회가 점점 더 건강을 잃어가는 것 같습니다. 얼마 전까지만 해도 많은 분이 교회를 중환자실 환자로 비유했는데, 사실 지금은 호스피스 병동의 환자로 비유해도 할 말이 없을 것 같습니다. 교회는 다시 회복될 수 있을까요? 우리는 다시 건강해질 수 있을까요?

점점 더 깊은 바닷속으로 침몰해 가는 타이타닉과 같은 우리의 교회가 다시 정상적인 항해를 할 수 있을까요? 우리는 교회와 그리스도인에 대한 사회적 인식이 바닥을 치는 시대에 살고 있습니다. 교회에서 젊은이들이 사라진 지 오래고 그나마 남아 있는 젊은이들도 교회에 다닌다는 것을 밝히는 데는 큰 용기가 필요하다고 말합니다. 그만큼 교회와 기독교는 이제 한국 사회에서 환영받거나 신뢰받는 집단이 아닙니다. 아니, 오히려 혐오의 대상이 된 것 같은 느낌입니다. 기독교인이라 하면 이기적이고, 배타적이고, 고집스럽고, 남을 배려하지 못하고, 공감 능력이 떨어지는 사람으로 인식합니다.

어떤 이들은 몇몇 대형교회의 비리가 한국교회를 이 지경으로 만들었다고 분노합니다. 어떤 이들은 목회자들의 일탈과 도덕적

불감중이 교회를 망가뜨렸다고 말합니다. 어떤 이들은 교회의 극보수화와 정치 세력화가 선교를 가로막는 사태를 만들었다고 걱정합니다. 또 어떤 이들은 기복중심 신앙이 한국교회를 오늘날의 미신 종교로 만들었다고 비판합니다.

그러나 생각해 보면 어느 한 부분의 잘못으로 교회가 침몰하는 것은 아닙니다. 교회가 교회다움을 잃어 가는 이유는 모든 것이 함께 연결되어 총체적인 문제를 나타내기 때문입니다. 목회자의 문제, 교인들의 문제, 그리고 교회들의 문제가 복합적으로 작용해 오늘의 교회를 만들어 왔습니다.

그렇다면 교회는 어떻게 해야 지속가능할까요? 아니 지속가능성을 넘어 어떻게 교회는 다시 희망이 될 수 있을까요? 저는 하나의 가능성을 가지고 그 방법을 이야기해 보려고 합니다. 다윗의 법칙이라는 것이 있습니다. A라는 무기와 B라는 무기가 있을 때, A가 B에 비해 화력이 월등히 좋다 해도 꼭 화력이 크다고 싸움에서 이기는 것은 아닙니다. 싸움이나 전쟁에서 이기기 위해서는 적에 따라서 무기를 달리 사용해야 승리한다는 법칙입니다. 다윗이 골리앗과 싸울 때 창과 칼이 아닌 돌멩이로 싸운 데서 붙여진 이름입니다. 저는 우리가 현재 쓰고 있는 사회적 무기가 매우 잘못됐다고 생각합니다.

세상을 바꿀 수 있는 무기는 무엇일까요? 그 답은 분명합니다. 세상을 바꿀 수 있는 답은 하나밖에 없기 때문입니다. 교회를 다시 살리는 답은 하나밖에 없습니다. 교회가 다시 세상의 희망이 되기 위해서는 교회의 생명력을 되찾아야 하는데 그 방법은 교회의 탄생 이래 2천 년 동안 언제나 똑같았습니다.

그것은 다름 아닌 십자가 신앙과 부활 신앙입니다. 죽음이 있어야 열매가 있다는 십자가 원리(요 12:24)와 그리스도인의 삶은 이 땅에서 끝나지 않는다는 부활의 원리(요 14:3)가 우리의 무기가 되어야 합니다. 기독교인이라 하면서도 십자가의 능력을 믿지 못하고 부활을 믿지 못해 우리의 모든 관심을 이 땅에만 집중하고 있다면 바울의 말처럼(고전 15:19) 그보다 불쌍한 사람은 없을 것입니다.

교회는 이 세상을 결코 돈이라는 무기로는 정복할 수 없습니다. 기독교는 힘이라는 무기로는 절대 세상과 싸워 이길 수 없습니다. 교회는 돈과 힘으로는 세상에 희망을 줄 수 없습니다. 2천 년 교회의 역사에서 그것은 이미 증명되었습니다. 그럼에도 불구하고 한국교회는 역사의 시행착오를 다시 밟고 있는 것 같아 안타깝습니다.

저는 이 책에서 그리스도인이 세상과 싸워 이기기 위해 어떤 무기를 가져야 하는지를 다루어 보고자 합니다. 다시 교회가 이 땅에 희망이 되고, 그리스도인이 세상에 빛을 주는 존재가 되기 위해서 우리의 무기가 어떤 것이어야 하는지를 말하려 합니다. 십자가 신앙과 부활 신앙이 무엇인지, 생활 속에서 어떻게 드러내야 하는지를 나누려 합니다.

2010년 4월에 『골리앗 세상에서 다윗으로 살기』 책이 출간된 이래 벌써 14년이 흘렀습니다. 어찌 보면 이 책은 그 후속편인 것 같습니다. 그간 여러 책을 펴내기는 했지만 그리스도인의 삶과 일상을 위한 책을 쓴 것은 실로 오랜만입니다. 사실 안 써도 되는 책, 교회에서는 필요 없는 책이어야 하는데 다시 그리스도인의 삶을 주제로 책을 쓴 이유는 지난 시간 동안 우리의 모습이 그렇게 좋아지지 않았기 때문입니다.

이제 『오늘, 그리스도인으로 살기』에 담긴 내용이 여러분에게 조금이나마 부담과 도전이 되기를 바랍니다. 세상과 싸워 이길 수 있는 확실한 무기를 갖추는 작은 계기가 되기를 소망합니다. 그래서 교회를 건강하게 세울 뿐 아니라 교회가 희망이라는 것을 다시 선포할 수 있기를 바라는 마음입니다. 큰 변화는 언제나 작은 실천에서부터 시작되기 때문입니다.

"아! 네가 교회 다니는 사람이구나!"
"그래, 뭔가 달라도 다르다 했어!"

이런 소리를 우리가 사는 곳 여기저기서 다시 듣고 싶습니다. 같은 마음을 갖고 이 책을 기획하고 편집해 주신 생명의말씀사 편집부에 감사드립니다. 그리고 가장 효과 있는 무기를 갖고 함께 싸워 주시는 높은뜻덕소교회 전우들께 지면을 통해 감사의 말씀을 드립니다.

남양주 덕소에서
오대식 목사

1부

우리가 본 그리스도인

멘토링
01

임대차 계약 갱신하기
내 삶의 주인이 누구인지 알기

한 주간 동안 부대끼며 삶을 살아갈 때 매 순간 하나님의 자녀로 살지는 못할 수 있습니다. 그러나 주일에 나와 예배드릴 때 '내 삶이 내 것이 아니구나' 이것을 다시 알게 됩니다. 예배 시간에 하나님을 나의 주인으로 고백할 때, 하나님은 우리를 보호하시고 인도하십니다. 내 삶의 주인만 알아도 우리는 견고한 안정감을 누릴 수 있습니다.

`feat. 예배자`

    신앙생활을 한다는 것은 안정감을 얻는 것과도 같습니다. 신앙은 우리 삶에 다가오는 수없이 많은 고난에 대해 깊은 생각을 하게 해줍니다. 고난은 왜 오는 것일까? 고난은 죄에 대한 벌일까? 고난은 어떤 유익이 있을까? 이처럼 신앙은 고난에 대해 이런저런 생각을 하게 합니다.

    그렇다면 고난을 당하지 않는 것이 좋을까요? 아니면 어떤 고난이 와도 이겨낼 힘을 갖는 것이 좋을까요? 이 질문에 대한 답은 사람마다 다를 수 있습니다. 사이비 종교일수록 고난을 당하지 않을 수 있다고 말하기도 하고, 고난을 당하지 않게 해주겠다고 자신 있게 말하기도 합니다. 고난과 관계된 많은 성경 구절 중 대표적인 말씀 하나를 소개하겠습니다.

네가 물 가운데로 지날 때에 내가 너와 함께 할 것이라 강을 건널 때에 물이 너를 침몰하지 못할 것이며 네가 불 가운데로 지날 때에 타지도 아니할 것이요 불꽃이 너를 사르지도 못하리니 사 43:2

이 말씀은 기독교 신앙이 무엇인지를 분명하게 보여 줍니다. 하나님이 우리를 보호하시고 안전하게 하신다는 말씀입니다. 그러나 이 말씀을 자세히 들여다보면 물 가운데로 지나는 것 같은 어려움, 불 가운데로 지나는 것 같은 위기의 순간을 전제합니다.

이스라엘 백성들도 홍해를 건너는 위기가 있었고, 다윗도 골리앗과 싸우는 순간이 있었으며, 다니엘도 사자굴에 들어갔던 때가 있었습니다. 우리에게도 이스라엘 백성같이, 다윗같이, 다니엘같이 죽을 것 같은 위기의 순간이 오고 고난과 고통의 때를 만날 수 있습니다.

그러면 하나님은 어떻게 그런 고난과 고통의 때를 이기도록 해주시는 것일까요? 그런 고난의 순간에도 어떻게 안정감을 얻도록 해주시는 것일까요?

공포와 재미

사람은 공포를 느낄 때 몸에 특별한 반응이 나타난다고 합니다. 심장 박동이 빨라지고, 호흡이 가빠지고, 동공이 확대되고, 소름이 돋으며 털이 주뼛 서고, 식은땀이 납니다. 공포를 느낄 때 누구나 경험하는 몸의 변화입니다. 그런데 놀랍게도 이것은 재미를 느낄 때 일어나는 몸의 반응과 매우 유사합니다. 심장 박동이 빨라지고, 호흡이 가빠지고, 동공이 확대되고, 소름이 돋고, 식은땀이 납니다. 사람들은 롤러코스터나 바이킹 같은 놀이기구를 탈 때 재미를 느낍니다. 그 재미를 더 많이 느끼려고 보다 큰 스릴을 추구합니다.

그렇게 공포와 재미에 따른 몸의 반응이 똑같다고 한다면 공포와 재미의 결정적 차이는 무엇일까요? 그 차이점은 바로 안전하다는 믿음에서 나옵니다. 놀이공원의 놀이기구가 재미있는 것은 안전하다는 믿음 때문입니다. 어느 놀이공원의 탈것들이 정비 불량으로 사고가 잦아 인명피해가 자주 일어난다면 그 놀이기구를 타는 일은 재미가 아닌 공포일 것입니다. 안전이 보장되지 못할 때 사람들은 공포를 느낍니다.

우리에게 최고의 안전은 무엇일까요? 그것은 창조주 하나님이 나의 아버지가 되시는 것입니다. 이 세상을 창조하신 하나님이 우리의 아버지가 되시고 우리는 그분의 사랑받는 자녀라는 것을 알면 그 어떤 고난도 고통으로 다가오지 않습니다. 아무리 공포의 순간이 다가와도 공포를 공포로 느끼지 않고 재미로 느낄 수 있습니다.

> 무릇 하나님의 영으로 인도함을 받는 사람은 곧 하나님의 아들이라 너희는 다시 무서워하는 종의 영을 받지 아니하고 양자의 영을 받았으므로 우리가 아빠 아버지라고 부르짖느니라 롬 8:14-15

대체로 사람들은 하나님을 믿으면 공포를 느낄 만한 고난은 당하지 않을 것이라고 기대합니다. 때로 고난이 닥치면 그것이 무슨 신앙생활이냐고 되묻습니다. 고난을 당하도록 그렇게 내버려 두시는 하나님이 무슨 아버지시냐고 합니다. 그러나 바른 신앙이란 그런 아픔과 고통이 없어지는 것이 아니라 그것을 다르게 이해하는 것을 말합니다.

똑같은 공포의 순간이라도 하나님이 우리를 꽉 붙잡고 지켜 주신다는 것을 알면 공포로 느껴지지 않습니다. 분명 고통이 동반되고 아픔이 있는 것이 사실이지만, 그만큼 스릴과 재미도 있는 상황인 것을 알게 됩니다.

하나님께 예배한다는 것

우리는 하나님 앞에 나올 때마다 그것을 확인할 수 있어야 합니다. 예배 때마다 새 힘을 얻는다는 것이 그런 뜻입니다. 내게 두려움을 주는 공포의 상황에도 불구하고 예배를 드릴 때 내가 하나님의 자녀임을 알아 도리어 안전하게 느껴지는 것을 의미합니다. 공포의 상황들이 두려움으로 다가오는 것이 아니라 오히려 재미로 느껴집니다. 그런 의미에서 새 힘을 얻는 시간입니다. 하나님께 나와 경배하는 예배의 시간은 우리가 하나님의 자녀임을 확인하는 시간입니다. 성령님이 그것을 알려 주십니다.

성령이 친히 우리의 영과 더불어 우리가 하나님의 자녀인 것을 증언하시나니 자녀이면 또한 상속자 곧 하나님의 상속자요 그리스도와 함께 한 상속자니 우리가 그와 함께 영광을 받기 위하여 고난도 함께 받아야 할 것이니라 롬 8:16-17

전세 재계약

저는 결혼 후 이사를 제법 많이 했습니다. 아무래도 전세살이를 오래 해서 그런지 이사를 해야 하는 경우가 많았습니다. 결혼 후 30년간 19번의 이사를 했으니 이사 경험이 적잖습니다.

전세를 살면 2년의 계약기간이 끝나는 대로 재계약을 합니다. 그런데 이 재계약을 하기 전에는 살고 있는 집이 내 집이라 생각하고 지냅니다. 셋집이건 자가이건 평상시에는 사는 사람이 곧 주인이라는 생각으로 당당하게 삽니다. 그러나 재계약 날짜가 다가오면 저도 모르게 집주인이 누구인지를 확실하게 인식하게 됩니다. 내 집이라 생각하고 살다가도 재계약 때가 다가오면 집주인이 따로 있음을 인식하게 되는 것입니다.

우리가 하나님께 예배하는 시간이 바로 이렇습니다. 나의 주인이 누구인지를 알게 하는 시간입니다. 그래서 예배는 전세 재계약을 하는 날과도 같습니다. 한 주간 동안 부대끼며 삶을 살아갈 때 매 순간을 하나님의 자녀로 살아가지는 못할 수 있습니다. 그러나 주일에 나와 예배드릴 때 '내 삶이 나의 것이 아니구나' '주인이 따로 계시구나' 이것을 다시 알게 됩니다. 나의 몸과 건강, 시간, 소유, 환경, 경험, 지식 등 이 모두가 내 것이 아니었음을 깨닫는 시간이 바로 예배입니다. 내가 나의 주인인 것 같이 살다가 다시 주인 앞에 엎드리는 시간, 그 시간이 예배입니다. 이 예배 시간에 하나님을 나의 주인으로 고백할 때, 하나님은 우리를 보호하시고 인도하신다고 응답해 주십니다. 내 삶의 주인만 알아도 우리는 견고한 안정감을 누릴 수 있습니다.

오늘, 드리는 기도

주님, 내가 나의 주인이 될 때
자유로울 것 같지만 고통에 얽매이게 되고
하나님이 나의 주인이 되실 때
얽매이는 것 같지만 고통에서 자유로워지는 그 비밀을
우리가 잊지 않게 하여 주십시오.
주님의 날에 주님 앞에 나와 예배하는 시간이
우리가 하나님의 자녀임을 다시 확신하는
생명의 시간이 되게 하여 주십시오.
그 어떤 고난과 역경이 온다고 할지라도
예배를 통하여 견고한 안정감을 얻게 하여 주십시오.
예수 그리스도의 이름으로 기도드립니다. 아멘.

멘토링 02

너무 요란하게 믿지 않기
의심과 질문으로 답을 찾아가기

신앙을 바르게 하기 위해서는 여러 노력이 필요합니다. 성경도 읽고 신앙 서적도 읽어야 합니다. 그런 것 못지않게 함께 신앙생활을 하는 이들과 대화를 많이 나누는 것도 중요합니다. 소그룹에서도 학원 이야기 말고, 청약 이야기 말고, 설교에 관해 대화하는 것이 좋습니다. 의심도 하고 질문도 하고 생각도 나누는 훈련이 필요합니다. 이것이 답을 찾아가는 과정입니다.

feat. 기드온

조금 이상하게 들릴 수도 있겠지만, 하나님을 믿을 때 무턱대고 믿지 말고 질문을 많이 하면 좋겠습니다. 신앙생활에서 의심과 질문은 절대 나쁜 것이 아닙니다. 의심과 질문이 중요한 이유는 그것을 통해 정답에 가까이 갈 수 있기 때문입니다. 질문을 많이 하면 할수록 건강한 답을 찾을 수 있기 때문입니다.

"왜 우리 사회에 가난한 사람, 억울한 사람이 이렇게 많지?"
"하나님이 계시는 건가?"
"교회는 왜 이렇게 많은 거지?"

"교회에서 봉사를 많이 하면 복 주신다던데 정말인가?"

이런 질문들을 끊임없이 하는 것은 신앙생활을 잘하기 위해 필요한 자세입니다. 우리에게 이런 의문과 질문이 없다면 바른 답을 찾을 수 없기 때문입니다. 오래전 저는 어느 목사님이 설교 중에 이렇게 말씀하시는 것을 들었습니다. "제 딸이 어려서부터 십일조를 잘 냈더니 재벌가 며느리가 되는 축복을 받았습니다."

그러면 여기에 "아멘!" 하지 말고 의문을 가져야 합니다. '십일조를 잘 내야 축복을 받는가?', '목사님이 말씀하시는 그 축복은 무엇을 말하는 것인가?', '부잣집의 며느리가 되는 것이 축복인가?' 언젠가는 "교회에서 목사님을 잘 도와드리면 생명책에 이름이 기록됩니다"라는 말도 들었습니다. 그런 말을 들으면 질문을 해봐야 합니다.

"정말일까?"
"왜 그러지?"

우리의 신앙을 바르게 하기 위해서는 여러 노력이 필요합니다. 성경도 읽고 신앙 서적도 읽어야 합니다. 그런 것 못지않게 중요한 것은 함께 신앙생활을 하는 교인들과 대화를 많이 나누는 것입니다. 특별히 신앙에 대해서 그리고 교회에 대해 많은 대화를 나눠야 합니다. 교회의 공동체에서도 많은 이야기를 나눠야 합니다. 목장과 같은 소그룹 모임에서도 학원 선생님 이야기 말고, 청약 이야기 말고, 설교에 관해 대화하는 것이 좋습니다. 의심도 해 보고 생각도 나누는 훈련이 필요합니다. 설교를 들으면 가족들과 그 설교에 관해 대화하는 것이 좋습니다. 이것은 절대 불경스러운 일이 아니요 잘못된 일도 아닙니다.

숨어서 밀을 타작하던 사람

성경의 역사를 보면 사사시대가 있습니다. 출애굽하고 난 후 40년 광야시대를 끝내고 가나안에 정착하여 이스라엘의 첫 왕인 사울을 세울 때까지 약 400년의 기간을 사사시대라고 합니다. 이 기간은 왕이 아닌 사사를 세워 이스라엘을 다스리던 시대였습니다. 12명의 사사 중 우리가 잘 아는 인물로는 드보라, 기드온, 삼손 등이 있습니다.

그중 기드온은 5번째 사사입니다. 300명의 군사로 13만 5천 명의 미디안 대군을 물리친 일로 유명한 인물입니다. 기드온이 살던 시대는 7년간 미디안의 지배를 받았습니다.

그런데 이스라엘을 향한 미디안의 횡포와 박해가 너무나도 심했습니다. 그 횡포가 어느 정도였는지 성경은 다음과 같이 기록해 줍니다.

이스라엘이 파종한 때면 미디안과 아말렉과 동방 사람들이 치러 올라와서 진을 치고 가사에 이르도록 토지 소산을 멸하여 이스라엘 가운데에 먹을 것을 남겨 두지 아니하며 양이나 소나 나귀도 남기지 아니하니 이는 그들이 그들의 짐승과 장막을 가지고 올라와 메뚜기 떼 같이 많이 들어오니 그 사람과 낙타가 무수함이라 그들이 그 땅에 들어와 멸하려 하니 이스라엘이 미디안으로 말미암아 궁핍함이 심한지라 이에 이스라엘 자손이 여호와께 부르짖었더라 삿 6:3-6

역사적으로 이스라엘 사람들이 주변 민족으로부터 어려움을 당하고 핍박을 받은 적이 많지만 이렇게 산에 올라가 굴과 구멍을 파고 살았던 적은 없었던 것 같습니다. 그만큼 기드온 시대에는 미디안의 횡포가 실로 공포스러웠던 것으로 보입니다. 미디안 사람들이 양식을 다 빼앗아 가서 끼니를 걱정해야 하는 시대였기에 이스라엘 사람들은 먹을 것이 없어 하나님께 부르짖을 정도라고 말합니다.

이때 하나님이 그 부르짖음을 듣고 응답하십니다. 그리고 기드온이라는 사람을 세우십니다. 그런데 그 사람이 좀 이상합니다. 기드온은 아무리 봐도 건장한 장수의 모습이 아닌 보잘것없는 소시민이었기 때문입니다. 출신도 므낫세 지파 작은 집안의 작은 자였고, 실제로 삶의 모습도 '찌질함' 그 자체였습니다. 성경의 다음 표현이 그것을 잘 말해 줍니다.

> 여호와의 사자가 아비에셀 사람 요아스에게 속한 오브라에 이르러 상수리나무 아래에 앉으니라 마침 요아스의 아들 기드온이 미디안 사람에게 알리지 아니하려 하여 밀을 포도주 틀에서 타작하더니 삿 6:11

기드온은 자기 자신과 가족을 보호하기 위해 몰래 밀을 타작하던 사람이었습니다. 미디안이 무서워 그들을 피해 숨어서 밀을 타작하던 사람입니다. 기드온이 미디안을 두려워했음을 알 수 있는 대목입니다. 그래서 그런지 하나님이 기드온을 부르셨을 때 그는 펄쩍 뛰었습니다.

이러한 인물을 두고 우리가 무엇을 배울 수 있을까요? 일반적으로 생각해 보면 기드온은 이스라엘을 구원할 만한 리더의 자질이라고는 전혀 없는 사람인데 그런 그에게도 어떤 장점이 있는 것일까요?

하나님에 대하여 의심하기

기드온은 자신을 부르시는 하나님을 의심했던 것이 분명합니다. 그 의심은 하나님께 질문하는 것으로 나타납니다.

> 기드온이 그에게 대답하되 오 나의 주여 여호와께서 우리와 함께 계시면 어찌하여 이 모든 일이 우리에게 일어났나이까 또 우리 조상들이 일찍이 우리에게 이르기를 여호와께서 우리를 애굽에서 올라오게 하신 것이 아니냐 한 그 모든 이적이 어디 있나이까 이제 여호와께서 우리를 버리사 미디안의 손에 우리를 넘겨주셨나이다 하니 삿 6:13

기드온은 하나님의 부르심을 받고도 계속 하나님을 의심하였습니다. 양털 뭉치에만 이슬이 내리게 해달라고 했다가 다음 날에는 양털 뭉치만 마르는 증거를 보여달라고 조르는 모습을 보면 정말 의심이 많았던 인물임이 분명합니다. 그런데 그런 기드온을 보면서 그것이 '기드온을 기드온 되게' 한 특징임을 알게 됩니다.

하나님의 일을 숫자로 하지 않기

우리는 숫자에 민감합니다. 모든 것을 숫자로 비교하고 모든 문제를 숫자로 풀려고 하는 경향이 있습니다. 그래서 이 숫자는 우리 생각의 틀을 언제나 고정시킵니다. 성경은 우리 평생에 갖고 있는 이 숫자의 개념을 뛰어넘으라고 늘 말합니다. 사실 따지고 보면 성경의 위대한 사람들은 모두 숫자의 개념을 뛰어넘은 사람들입니다.

미디안과 아말렉의 연합군은 13만 5천 명이었습니다. 반면 기드온이 모은 이스라엘의 병력은 3만 2천 명에 불과했습니다. 그런데 하나님은 군사를 점차 줄이시더니 300명만 남게 하셨습니다. 처음에 군사를 모집했을 때 모인 사람들이 3만 2천 명이었는데 거기에서 만 명을 돌려보내 2만 2천 명이 남더니 결국 300명만 남겨 두신 것입니다.

모든 일은 숫자로 하는 것이 아님을 하나님은 이렇게 친히 보여 주셨습니다. 하나님이 300명만 남기고 돌려보내신 이유는 무엇일까요? 성경은 다음과 같이 말합니다.

여호와께서 기드온에게 이르시되 너를 따르는 백성이 너무 많은즉 내가 그들의 손에 미디안 사람을 넘겨 주지 아니하리니 이는

이스라엘이 나를 거슬러 스스로 자랑하기를 내 손이 나를 구원하였다 할까 함이니라 삿 7:2

전 세계를 공포의 도가니로 몰아넣었던 코로나19가 종식되었습니다. 전염병의 공포가 서서히 걷히면서 한국교회도 다시 예전의 활동들을 활발히 재개하고 있습니다. 그러면서 교회는 코로나19에 대한 영적 의미를 많이 생각하고 정리하는 것 같습니다. 누군가 제게 한국교회를 향한 코로나19의 영적 의미를 말해 보라 하면 저는 두 가지를 꼽을 것입니다.

첫째는 "조금은 차분해지라는 하나님의 음성이 아닐까?" 하는 것이고, 둘째는 "하나님의 일은 많은 숫자로 하는 것이 아니다"라는 것을 증명해 준 기간이라고 말하고 싶습니다. 그도 그럴 것이 한국교회는 팬데믹 기간에 예배당 폐쇄라는 극단적인 상황 가운데서도 사역을 잘 감당해 왔습니다. 온라인을 적극 활용해 예배와 교육을 이어갔고 소수의 봉사자로 교회의 일을 감당했습니다. 그러면서 하나님의 일은 숫자로 하는 것이 아님을 확실하게 알게 되었습니다.

그런데 안타깝게도 팬데믹 기간이 끝나고 나서 한국교회는 더 요란해진 감이 없지 않습니다. 코로나19로 매우 중요한 교훈을 얻었음에도 불구하고 그것이 끝나자 모든 것을 다 잊은 듯합니다. 마치 열 가지 재앙이 하나씩 끝날 때마다 바로왕이 이전의 재앙들은 다 잊었던 것처럼 말입니다. 아마 팬데믹 기간에 오래도록 비워진 예배당의 빈자리를 채우느라 이전보다 더 요란해지고 더 숫자에 민감한 때를 보내고 있는 것 같습니다.

교회는 사회에 대해서 수적 과시와 교세의 크기로 압력을 가하려는 옛날의 못된 습성이 다시 고개를 들고 있고, 압력 단체로서의 모습을 다시 가지려는 것 같아 안타깝습니다. 전도란 내가 하는 것보다 전도 대상이 평가해 주는 것이 더 중요합니다. 전도의 대상이 전도하는 자들을 높이 평가해 줄 때 전도는 보다 쉽게 이루어집니다.

초대교회 때 복음이 잘 전파될 수 있었던 이유는 그리스도인이 살아내는 삶의 모습이 그 사회에서 높게 평가받았기 때문입니다. 안디옥 사람들의 말에서 그것을 엿볼 수 있습니다. 안디옥 사람들은 성도들의 특별한 삶의 모습을 보고 '그리스도인'이라는 이름을 붙여 주었습니다.

만나매 안디옥에 데리고 와서 둘이 교회에 일 년간 모여 있어 큰 무리를 가르쳤고 제자들이 안디옥에서 비로소 그리스도인이라 일컬음을 받게 되었더라 행 11:26

제가 목회하는 곳은 경기도 남양주 덕소라는 지역입니다. 그런데 언제부터인가 새신자 중 몇 분이 재미있는 얘기를 합니다. 교회에 어떻게 오시게 되었느냐고 물으면 동네 미장원에서 원장님의 소개를 받았다고 하십니다. 동네에 좋은 교회가 있다면서 추천해 주셨다고 합니다. 그 원장님은 우리 교회 교인도 아닌데, 손님들이 교회를 찾으면 우리 교회를 소개한다는 후문입니다.

그런 얘기를 들으니 참 기분이 좋아집니다. 원장님 추천에 기분이 좋다기보다는 '우리 교인들이 동네에서 인정받고 있구나' 하는 생각이 들어서입니다. 동네 거리에 나가서 요란하게 전도하거나 전도지를 돌리지도 않았고, 아파트 문고리마다 전도지를 끼워 넣은 적도 없지만 동네 입소문으로 좋은 교회라고 소문이 났으니 감사한 일이 아닐 수 없습니다. 이렇게 동네 분들로부터 인정을 받은 데는 교인들이 일상생활 가운데 묵묵히 신실함을 보여 준 결과라고 여겨집니다.

300명의 용사는 우리에게 많은 것을 말해 줍니다. 이제 조금 더 차분히 하나님을 바라보면 좋겠습니다. 너무 요란하지 않게 주님을 따르면 좋겠습니다. 작아도 괜찮습니다. 숫자가 적어도 관계가 없습니다. 하나님의 계산은 우리와 다르기 때문입니다. 요란하지 않은 교회, 차분한 그리스도인에게서 향기가 납니다.

오늘, 드리는 기도

주님, 세상이 참 요란합니다.
그래서 그런지 교회도 요란합니다.
요란함으로 주님을 따르지 않게 하시고
요란함으로 주님의 일을 하지 않게 하여 주십시오.
주님을 묵상하고 신뢰하며 주님과 차분히 동행하는,
그렇게 주님의 일을 이루는 자녀들이 다 되게 하여 주십시오.
예수 그리스도의 이름으로 기도드립니다. 아멘.

멘토링
03

갈라진 틈새로 햇빛 보기
삶이 찢기고 흔들리고 엉망일 때, 그 틈새로 하나님 보기

하나님이 언제나, 내 곁에, 지금, 계신다는 것을 처음으로 안 사람이 야곱입니다. 그가 인생이 힘들어서 하나님을 찾은 것이 아닙니다. 그저 하나님이 여기 계심을 발견한 것뿐입니다. 그 하나님을 볼 수 있었던 사람, 그래서 야곱은 이스라엘의 시작이 될 수 있었습니다. 하나님의 백성은 내 곁에 언제나 계시는 하나님을 보는 사람입니다.

feat. 야곱

　사람은 누구나 시련이 올 때가 있고, 죽고 싶을 만큼 괴로울 때가 있습니다. 그런데 중요한 것은 그럴 때 신앙이 드러납니다. 편안할 때와 기쁠 때 믿음을 말하기는 쉽습니다. 기쁜 마음으로 이런저런 봉사를 열정적으로 하는 모습을 보기는 어렵지 않습니다. 좋은 교회 또는 좋은 목사님 만났다고 좋아하는 모습을 보는 것도 어렵지 않습니다.
　그러나 시련이 올 때, 힘든 상황에 닥칠 때 혹은 행여 공동체 안에서 갈등이라도 생기면 그런 기쁨과 봉사의 마음은 다 사라지고 맙니다.

정말 죽고 싶을 만큼 괴로울 때, 인생의 모든 상황이 다 깨어지고 찢어졌을 때, 신앙의 진위는 거기에서 드러납니다. 그때 하나님도 우리의 신앙을 지켜보시지만, 바로 그때 주위 사람들도 우리의 신앙을 지켜본다는 것을 잊어서는 안 됩니다.

이스라엘의 시작, 야곱

이스라엘의 시작은 야곱입니다. 그런데 저는 여기에 불만이 많습니다. 성경을 읽으며 '도대체 왜 야곱인가?' 하는 생각이 들었습니다. 야곱은 노아처럼 그 시대의 가장 의로운 사람도 아니고, 아브라함처럼 하나님의 부르심에 고향 친척 아비 집을 떠난 사람도 아닙니다. 이삭처럼 자신을 번제물로 드린 사람도 아니고, 모세처럼 시대적 상황에 대해 불타는 감수성을 갖고 문제에 개입하려는 사람도 아닙니다. 그러나 이스라엘 사람은 자신들을 '야곱의 후손'이라고 정의합니다. 도대체 왜 야곱일까요?

우리가 잘 알듯이 야곱은 형의 축복을 **빼앗은** 사람입니다. 외삼촌의 재산도 **빼돌린** 사람입니다. 야곱이 살면서 제일 많이 한 일은 남의 것을 **빼앗는** 일이었다고 성경이 말해 줍니다.

에서가 이르되 그의 이름을 야곱이라 함이 합당하지 아니하니이까 그가 나를 속임이 이것이 두 번째니이다 전에는 나의 장자의 명분을 **빼앗고** 이제는 내 복을 **빼앗았나이다** 또 이르되 아버지께서 나를 위하여 빌 복을 남기지 아니하셨나이까 창 27:36

형 에서는 자신이 받아야 할 복을 동생 야곱이 **빼앗았다고** 말합니다. 이 구절은 에서의 주관적인 해석이 아닙니다. 야곱이 빼앗기를 했다는 성경의 설명입니다. 또 있습니다.

야곱이 라반의 아들들이 하는 말을 들은즉 야곱이 우리 아버지의 소유를 다 **빼앗고** 우리 아버지의 소유로 말미암아 이 모든 재물을 모았다 하는지라 야곱이 라반의 안색을 본즉 자기에게 대하여 전과 같지 아니하더라 창 31:1-2

이번에는 야곱이 외삼촌 라반의 소유를 빼앗았다고 이종사촌 형제들이 고합니다. 실제로 야곱은 그런 삶을 살았습니다. 야곱은 자신과 함께 살던 모든 사람과의 관계가 다 망가진 사람입니다. 형과의 관계가 깨져 가출을 했고 형은 그를 죽이려 하였습니다. 외삼촌 집에 가서도 처음에는 잘 지내더니 점점 시간이 지나면서 관계에 금이 가기 시작하였습니다. 이렇듯 야곱은 관계 형성을 잘하지 못하는 인물이었고 그로 인해 인생 여정에 굴곡이 많았던 인물입니다. 중요한 것은 그의 삶은 대부분 개인적 욕심에서 기인하였다는 점입니다. 그렇게 야곱은 개인의 욕망에 충실하게 살았던 보통의 인간이었습니다. 그런 야곱이 뭐 그리 큰 문제가 되겠습니까? 많은 사람이 그렇게 욕심을 따라 남의 것을 빼앗으며 살아가는데, 꼭 그것이 야곱에게만 문제가 되는 것은 아니라고 생각합니다. 그러나 그런 사람이 이스라엘을 대표하는 사람이 되고 이스라엘 민족의 시작이 되었다는 것은 좀 다른 문제입니다.

야곱은 어떻게 이스라엘의 시작이 되었을까요? 그것은 야곱의 위대한 점 때문입니다. 야곱은 파렴치한 인간의 모습도 보여 주지만 하나님 앞에서 칭찬받을 만한 모습도 보여 줍니다. 야곱의 위대한 점은 야곱의 인생에서 만난 위기의 순간에 나타납니다. 야곱은 삶을 살아가며 두 번의 큰 위기를 당합니다.

지금, 여기 계시는 하나님을 발견하다

야곱이 형을 피해 도망을 간 때가 있었습니다. 형이 그를 죽이려 했기 때문입니다. 축복을 빼앗긴 데서 비롯된 형의 분노 때문이었습니다.

그의 아버지가 야곱에게 축복한 그 축복으로 말미암아 에서가 야곱을 미워하여 심중에 이르기를 아버지를 곡할 때가 가까웠은 즉 내가 내 아우 야곱을 죽이리라 하였더니 창 27:41

에서는 사냥을 하는 사람이라 집에만 있던 야곱보다는 힘이 세고 완력도 강했던 인물이었습니다. 그러기에 형이 자신을 죽이려고 마음먹은 것을 알았을 때 야곱은 엄청난 두려움이 몰려왔을 것입니다. 결국 야곱은 살기 위해 도망을 갔고 광야에서 떨면서 돌베개를 베고 잠을 청합니다. 혼자 자야 하는 광야의 밤은 무섭기도 했지만 집을 떠난 앞으로의 삶이 더욱 매섭고 불안했을 것입니다. 그날 밤 야곱은 꿈에 하늘에서 내려오는 사닥다리를 보고 하나님이 친히 말씀하시는 것을 듣습니다. "내가 너를 보호해 줄 것이다.", "내가 너를 다시 돌아오게 할 것이다." 이때 야곱의 반응이 특별합니다. "감사합니다", "꼭 그렇게 되기를 바랍니다"가 아니라 야곱은 하나님이 계심을 발견했다고 하였습니다.

야곱이 잠이 깨어 이르되 여호와께서 과연 여기 계시거늘 내가 알지 못하였도다 이에 두려워하여 이르되 두렵도다 이 곳이여 이것은 다름 아닌 하나님의 집이요 이는 하늘의 문이로다 하고
창 28:16-17

야곱의 위대한 발견이 여기 있습니다. 야곱은 지금, 여기에 계시는 하나님을 발견한 것입니다. 그가 인생이 힘들어서 하나님을 찾은 것이 아닙니다. 하나님이 여기 계시다는 것을 그저 발견한 것뿐입니다. 하나님의 백성은 내 곁에 언제나 계시는 그 하나님을 보는 사람입니다.

인생이 깨지고 찢길 때

야곱의 두 번째 위기는 형을 만날 때입니다. 형 에서를 만나기 하루 전, 야곱은 꾀를 씁니다. 자기를 보호하려고 가족과 재산을 두 떼로 나눠 조심스럽게 접근하려는 계획을 세웁니다. 당시 형 에서는 동생 야곱이 온다는 소식에 400명의 군사를 데리고 얍복 강 건너편에서 야곱을 죽이려고 기다렸습니다. 야곱이 그 순간을 얼마나 괴로워했는지 성경은 야곱이 심히 두려워하고 답답해했다(창 32:7)고 표현합니다.

또 야곱은 알지 못하는 자와 밤새 씨름을 하다가 환도뼈가 부러지는 부상도 당하게 됩니다. 야곱의 상황을 단적으로 보여 주는 모습입니다. 그러나 그날 밤, 괴롭고 힘들었던 그때 야곱이 만난 분은 바로 하나님이었습니다. 이스라엘 사람들은 하나님을 만나면 다 죽는다고 생각했는데, 하나님을 만나고도 죽지 않은 사람이 바로 야곱입니다.

> 그 사람이 그에게 이르되 네 이름이 무엇이냐 그가 이르되 야곱이니이다 그가 이르되 네 이름을 다시는 야곱이라 부를 것이 아니요 이스라엘이라 부를 것이니 이는 네가 하나님과 및 사람들과 겨루어 이겼음이니라 창 32:27-28

그가 새롭게 부여받은 이스라엘이란 이름은 '하나님과 겨루어 이겼다'라는 뜻이지만 '하나님과 만났는데 죽지 않았다'라는 의미도 있습니다. 그것을 창세기 32장 30절에서 말해 줍니다.

> 그러므로 야곱이 그곳 이름을 브니엘이라 하였으니 그가 이르기를 내가 하나님과 대면하여 보았으나 내 생명이 보전되었다 함이더라 창 32:30

브니엘의 뜻은 '하나님의 얼굴'로, 야곱이 지은 지명입니다. 그는 그곳에서 하나님의 얼굴을 뵈었습니다. 야곱은 하나님의 얼굴을 본 사람입니다. 얼마나 그 사건이 강렬했던지 땅의 이름을 '하나님의 얼굴'이라고 지을 정도였습니다.

야곱은 인생의 가장 큰 위기에서 곁에 계시는 하나님을 뵈었습니다. 그런데 벧엘에서와 마찬가지로 이때도 그가 먼저 하나님을 찾은 것이 아닙니다. 곁에 계신 하나님을 그저 뵌 것뿐입니다.

이것이 중요합니다. 하나님이 '언제나', '내 곁에', '지금' 계신다는 것을 처음으로 안 사람이 야곱입니다. 그 하나님을 볼 수 있었던 사람, 그래서 그가 이스라엘의 시작이 될 수 있었습니다. 하나님 백성의 시조(始祖)가 되었다는 것입니다. 하나님의 백성은 내 곁에 언제나 계시는 하나님을 보는 사람입니다.

좋을 때 하나님을 찬양하는 일은 누구나 할 수 있습니다. 그러나 진짜 신앙이란 위기의 순간, 깨어진 순간에 나타납니다. 그것이 향기가 나는 신앙이고 그것이 우리가 믿는 복음을 전하는 것입니다.

영국의 신학자로, 유대교 랍비로, 종교 지도자로 세계 많은 기독교인에게 존경받는 조나단 삭스(Jonathan Hanry Sacks, 1948~2020)는 야곱의 이 고백을 다음과 같이 표현했습니다.

우리의 찢어진 마음은
하나님의 빛이 스며들게 하여 하늘의 문이 됩니다.

오늘, 드리는 기도

주님, 깨어지고 찢어진 인생을 산 야곱이
왜 이스라엘이 되었는지 알았습니다.
굴곡이 많은 우리의 인생, 깨어지고 찢어지는 순간에
그 틈새로 비치는 하늘의 문을 보게 하시고
내가 너와 함께한다는 하나님의 음성을 우리도 듣게 하여 주십시오.
인생의 그 어떤 시련에도 절대 흔들리지 않아
하나님 앞에서, 사람 앞에서, 향내 나는 삶을 살게 하여 주십시오.
예수 그리스도의 이름으로 기도드립니다. 아멘.

멘토링
04

서서히 삶의 자리 옮기기
경쟁의 자리에서 벗어나기

한 주간 동안 경쟁 구도 속에서 밀려 상처를 받고 심신이 지친 사람들은 교회에 나와 경쟁에서 이길 힘을 얻고 싶어 합니다. 바로 베데스다의 병자와 같이 말입니다. 그런 능력을 얻는 일을 복이라 생각합니다. 그러나 예수님은 그가 물에 빨리 들어가도록 도와주지 않으셨습니다. 예수님은 그저 자리를 들고 그곳에서 나가라고 하셨습니다.

feat. 베데스다 병자

예배는 사람의 인생을 바꾸기도 하고 생명을 살리기도 합니다. 그렇게 사람을 살리기도 하고 인생을 바꾸기도 하는 예배이기에 사람의 마음을 평안하게 해주는 정도는 어렵지 않습니다. 한 번의 예배가 바쁘게 살아가는 현대인들의 상처 입은 마음을 치유하기에는 충분하기 때문입니다.

그런데 오늘날에는 예배가 그 힘을 많이 잃어가고 있습니다. 예배를 통해서 평안을 얻어야 하는데 그러지 못하기 때문입니다. 좋은 찬양과 설교, 잘 짜인 예배 순서로 약간의 위로와 용기를 얻기는 하지만 삶의 온전한 치유와 감격을 얻기란 쉽지 않아 보입니다. 더구나 한 교회 안에서 교인들 사이에 갈등이나 분쟁이라도 있으면 예배로 평안과 안식을 얻는 것이 아니라 오히려 스트레스를 받기도 합니다. 분쟁 중인 교회와 그 교회의 교인들은 과연 그들이 드리는 예배를 통해 평안을 얻을까요? 오히려 각자의 생각과 주장에 대한 강한 확신과 싸움의 결기를 다지는 모임에 불과할 것입니다.

많은 사람은 상처를 가진 채 살아가며 그 상처를 고스란히 안고 교회에 나옵니다. 우리는 왜 이렇게 상처를 가지고 지쳐서 살아갈까요? 그리고 왜 그 상처를 안은 채 교회에 나올까요? 한 주간의 일이 왜 이렇게 사람들을 지치게 만들까요?

주로 육체노동을 하던 시대에는 노동의 강도가 현대인보다 훨씬 컸을 것입니다. 그럼에도 불구하고 오늘날의 사람들이 예전의 사람보다 더 많이 힘들어하는 것 같습니다. 현대인이 더 많이 지치는 이유는 우리 사회가 예전 같지 않아서 그럴 것입니다.

스위스의 의사이며 상담가인 폴 투르니에(Paul Tournier, 1898~1986)는 『현대인의 피로와 휴식』에서 "우리가 피로를 느끼는 것은 몸의 완력을 많이 써서가 아니라 인간관계 속에서 정신적 에너지를 많이 써서 그렇다"라고 말합니다. 그는 정신적 에너지 중에 가장 큰 비중을 차지하는 것이 '경쟁'이라 하였습니다. 경쟁이라는 구조가 점점 더 현대사회를 지배하면서 현대인들은 전에 비해 훨씬 더 많은 피로를 느낀다고 합니다. 즉, 경쟁이 사람과 사회를 정신적으로 또 육체적으로 병들게 한다고 말합니다.

주한 일본대사를 지냈던 무토 마사토시(武藤正敏)는 2017년 2월, 일본 주간지 「다이아몬드」에서 "한국인으로 태어나지 않아 다행이다"라는 제목의 글을 기고했습니다. 이 글의 제목을 두고 한때 외교 문제로까지 번지기도 하였지만 기고문의 주된 내용은 한국 사회에 깊이 뿌리박힌 경쟁의 심각성을 꼬집는 것이었습니다. 한국은 이미 세계 최고의 경쟁사회입니다. 그것을 증명하는 지표는 참 많은데 우선 한국의 자살률로 OECD 국가 중 1위입니다. 이미 2022년 기준 인구 10만 명당 25.2명으로, 하루 평균 36명이 자살을 합니다. 한국인 사망 원인 중 암, 심장 질환, 폐 질환, 뇌혈관 질환 다음으로 높습니다.

회복탄력성이란 말이 있습니다. 실패나 부정적인 상황을 극복하고 원래의 안정된 심리적 상태를 되찾는 성질이나 능력입니다. 마음의 상처가 있어도 빨리 돌아오는 것을 말합니다. 자살률이 높다는 것은 이 정신적 회복탄력성이 낮음을 의미합니다.

교회는 병들어 가는 사회와 사람을 치유하는 곳이어야 합니다. 지친 사람이 교회에 왔을 때 그 지친 마음이 회복되어야 합니다. 그러나 오늘날의 교회는 치유와 회복을 주지 못하는 것이 사실입니다.

한동안 한국에 전원교회가 마치 유행처럼 생겨났습니다. 도시의 시멘트에서 벗어나 자연을 벗하며 쉼을 얻기 위함이었습니다. 한 주간 내내 빽빽한 건물 속에 갇혀 있다가 또다시 복잡한 도심 속에서 예배를 드리는 것은 쉼을 얻기에 적합하지 않다고 생각하여 자연을 찾은 현상이라 여겨집니다. 종교사회학자들은 전원교회의 등장을 두고 도시교회의 기능 상실로 보기도 했습니다. 그러나 전원교회도 오래 지속되지는 못했습니다. 이유는 자연을 본다고, 자연 속에서 예배를 드린다고 지친 인간이 쉬이 회복되지는 못했기 때문입니다.

교회가 도심에서 전원으로 옮기면 쉼을 줄 수 있을까요? 그렇지는 않습니다. 교회가 참된 쉼을 주지 못하는 이유는 한 가지입니다. 한 주간 내내 경쟁 구도 속에서 시달린 현대인들의 불안하고 긴장된 마음을 풀어 주지 못하기 때문입니다. 그 이유는 교회도 똑같은 경쟁 구도에 머물러 있기 때문입니다.

부서 간 경쟁, 교구 간 경쟁, 작년과 올해의 경쟁, 이웃 교회와의 경쟁 등으로 말입니다. 우리가 교회를 통해, 예배를 통해 쉼과 안식을 얻지 못한다면 교회는 기능을 상실한 교회, 죽은 교회가 되고 맙니다.

베데스다에서 생긴 일

예수님이 예루살렘에 있는 베데스다 연못으로 가셨을 때 거기서 38년 된 병자를 만나셨습니다. 그리고 환자의 병을 고쳐 주셨는데 그 장면과 과정이 의미가 있습니다.

예루살렘 성의 출입문 가운데 하나인 양문(sheep gate)은 제사에 쓰이는 제물이 들어오고 나가는 곳이라 해서 붙여진 이름입니다. 성의 북쪽에 위치한 그 양문 근방에 베데스다란 못이 있었습니다. 베데스다는 '자비의 집, 자비를 얻은 자의 집'이라는 의미입니다. 베데스다 연못은 하나의 잘 지어진 건축물인데 기원전 2세기에 세워진 것으로 추정합니다.

길이 100미터, 너비 80미터, 깊이 7~8미터 정도의 쌍둥이 연못이 있는 곳으로, 성전에 물을 공급하는 것과 환자의 치유를 목적으로 한 건축물이었습니다.

이 연못 주위에 환자들이 많이 몰려든 중요한 이유는 가끔 천사가 내려와 물을 움직일 때 가장 빨리 물에 들어가는 사람의 병이 낫는다는 소문 때문이었습니다. 그래서 당시 전국의 모든 환자가 다 베데스다에 모여서 물이 움직이기를 기다렸을 것입니다.

바로 그곳에서 예수님은 38년 된 환자를 만나셨습니다. 이 환자에게 무슨 병이 있었는지는 성경에 기록되지 않습니다만 남들보다 먼저 물에 들어가지 못한다는 것을 보니 그의 질환 자체가 움직이지 못하는 병이거나, 아니면 오랜 지병으로 거동이 불편한 상태가 아니었을까 짐작합니다.

거기 서른여덟 해 된 병자가 있더라 예수께서 그 누운 것을 보시고 병이 벌써 오래된 줄 아시고 이르시되 네가 낫고자 하느냐 병자가 대답하되 주여 물이 움직일 때에 나를 못에 넣어 주는 사람이 없어 내가 가는 동안에 다른 사람이 먼저 내려가나이다 요 5:5-7

가만히 보니 이 환자는 몸만 병든 게 아니라 경쟁에 밀려 마음까지 피폐해진 것 같습니다. 38년 된 이 환자의 소원은 딱 하나, 못의 물이 동할 때 남들보다 먼저 물에 들어가는 것입니다. 아마도 당시 33세인 청년 예수님을 바라보는 환자의 눈빛에는 자신을 데리고 들어가 달라는 간절한 호소가 담겼을 것입니다. 그런데 그런 부탁을 한 환자에게 예수님은 그를 물에 넣어 주겠다고 하시는 것이 아니라, 깔고 앉았던 자리를 들고 걸어가라고 하십니다.

> 예수께서 이르시되 일어나 네 자리를 들고 걸어가라 하시니 요 5:8

물론 이 상황은 38년 된 환자를 고치시는 예수님의 능력을 보여 주는 말씀입니다. 예수님은 그 어떤 병도 고치실 능력이 있으신 분임을 나타내는 말씀입니다.

그러나 조금 더 깊이 생각해 보면 이 말씀은 그가 있어야 할 자리가 그곳이 아니었기에 거기서 나가라고 하신 말씀이라고 볼 수도 있습니다. 그곳 베데스다는 모든 환자가 서로 경쟁하는 곳이었습니다. 긍휼한 마음으로 서로 도와주는 곳이 전혀 아니었습니다. 동병상련이라고 병으로 몸이 불편한 환자들이면 서로 도울 법도 한데, 그들은 물이 움직이면 밀치고 당기면서 먼저 들어가려 했습니다. 예수님은 지금 그런 경쟁 구도에 낀 한 사람을 건져 주신 것입니다.

목회를 하다 보면 가끔 교인들의 짓궂은 질문을 받을 때가 있습니다. 그중 제일 난감한 질문은 "목사님은 주중에 뭐 하세요?"

입니다. 이 질문은 우리 같은 목사들이 정말 주중에 무엇을 하는지 궁금해서 하는 말이 아닙니다. 그 질문의 내면에는 '교인들은 매일 치열하게 사는데 너희 목사들은 그런 세계를 알고는 있는가?'라는 뜻일 겁니다. '우리에 비해 목사들이 얼마나 편한 생활을 하는지 아는가?'라는 의미가 담긴 질문일 것입니다.

이런 불편한 질문에 대해 어느 목사님이 지혜로운 답을 하셨습니다. "집사님, 메시와 호날두 그리고 손흥민 같은 선수들이 축구 경기가 없는 날에는 무엇을 할 것 같습니까?"라고 오히려 질문을 던진다고 합니다. 정말 지혜로운 대답이 아닐 수 없습니다.

한편 제 생각은 좀 다릅니다. 교우들이 주중에 얼마나 치열하게 사는지를 목회자들이 꼭 알아야 하는 것은 아닙니다. 그리고 다 알아야 하는 것도 물론 아닙니다. 목사가 직접 경쟁을 해보고 그 경쟁이 얼마나 치열한지를 알면 분명 유익한 점이 있을 것입니다.

목사들이 경쟁의 치열함을 알면 아마도 경쟁에서 이기는 방법을 알려 줄 수도 있을 것입니다. 현대의 교인들은 그런 방법을 알려 주는 목회자를 원할지도 모릅니다. 그러나 목회자는 그런 방법을 알려 주는 사람이 아닙니다. 경쟁에서 이기는 법을 알려 주고 승리하는 법을 가르쳐 주는 것이 목회가 아닙니다. 목사의 역할은 세상의 편만한 경쟁 구도에서 교인들을 끌어내는 것입니다. 경쟁의 자리에서 벗어나 진정한 평안을 찾도록 도와주는 것이 목사의 역할입니다.

한 주간 동안 경쟁 구도 속에서 밀려 상처받고 심신이 지친 사람들은 교회에 나와 경쟁에서 이기는 힘을 얻고 싶어 합니다. 바로 이 베데스다의 38년 된 병자와 같이 말입니다. 우리는 그런 능력을 얻는 것을 축복이라고 생각합니다. 그러나 잘 보아야 합니다. 예수님은 38년 된 병자를 물에 빨리 들어가도록 도와주지 않으셨습니다. 예수님은 그저 자리를 들고 그곳에서 나가라고 하셨습니다. 베데스다는 '은혜받은 자의 집'이란 뜻입니다. 진정한 은혜란 무엇일까요?

그것은 단순히 병이 낫는 것이 아닌 온전한 치유를 말합니다. 사람답게 사는 것을 말합니다. 참된 은혜는 경쟁의 자리에서 벗어날 때 얻을 수 있습니다.

"처음 교회에 왔을 때 너무 좋았는데 지금은 힘들어요" 하는 말을 교인들로부터 가끔 듣습니다. 이런 교인들에게 주변 사람들은 쉽게 대답을 해줍니다. "교회는 깊숙하게 들어가면 은혜가 안 돼요. 그러니 너무 깊게 들어가지 마세요!"라고 말하곤 합니다. 이 대답은 맞는 말일까요, 틀린 말일까요?

맞는 말이면서 틀린 말이기도 합니다. 만약 그 교회 공동체가 교인들끼리 경쟁 구조와 갈등 구조, 주도권 싸움의 구조로 흘러가는 교회라면 그 말은 백 퍼센트 맞는 말이 됩니다. 병들고 죽은 교회는 깊이 들어갈수록 은혜가 안 되고 자신도 죽게 되기 때문입니다. 그러나 말씀대로 행하는 교회, 교회다운 교회에서는 백 퍼센트 틀린 말입니다. 바른 교회는 깊이 들어갈수록 성도 간의 더 큰 은혜가 넘치기 때문입니다. 중요한 것은 우리 내면의 경쟁 구조, 갈등 구조를 내려놓지 못하면 교회는 생명과 평안을 줄 수 없습니다.

그리스도인에게 왜 향기가 나지 않을까요? 그것은 경쟁에서 이기려는 마음이 아직 우리에게 많기 때문입니다. 남보다 나아지려고 하는 마음이 우리 안에 가득하기 때문입니다. 남들보다 무조건 목적지에 빨리 가고자 하는 마음 때문입니다. 그 마음이 사회생활을 하는 데 나타나기도 하지만 교회 안에서도 똑같이 존재하기 때문입니다. 힘든 삶, 무거운 짐에서 벗어나기 위해서는 이제 내려놓아야 합니다. 그리고 옮겨가야 합니다. 경쟁의 자리에서 나와 서서히 우리가 진정 있어야 할 자리로 옮길 때, 그 자체만으로도 그리스도인의 향기가 날 것입니다. 함께 가고 같이 가는 것이 향기입니다.

오늘, 드리는 기도

주님, 우리는 내가 물에 빨리 들어갈 수 있게 간구했습니다.
주님이 나를 남들보다 먼저 물에 들어가도록 도와주시기를 기도했습니다.
주님, 우리의 이 이기적인 마음을 내려놓게 하여 주십시오.
평생 예배를 드리면서도 평안을 얻지 못했던,
풀리지 않았던 이 문제가 주님의 말씀으로 풀리게 하여 주십시오.
경쟁의 자리를 벗어남으로
마음의 참 평안과 참 쉼을 얻게 하여 주십시오.
예수 그리스도의 이름으로 기도드립니다. 아멘.

멘토링
05

최고 브랜드로 옷 입기
자랑의 옷, 정욕의 옷을 벗고 하나님의 핸드메이드로 옷 입기

그리스도인에게서 향기가 나지 않는 이유는 분명합니다. 그것은 일상 생활에서 정직하지 못하기 때문입니다. 성결하게 살지 못하기 때문입니다. 우리는 교회 밖 사람들과 똑같은 방법으로 싸우고, 똑같은 방법으로 경쟁하고, 똑같은 방법으로 경영하고, 똑같은 방법으로 영업하고 있지는 않는지 되돌아보아야 합니다.

feat. 요셉

　이제는 어느 한 계층만 명품을 소유하는 것이 아니라 서민들도 가방이든 옷이든 명품 한두 개씩은 다 갖고 있는 시대가 되었다고 합니다. 어느 브랜드의 신상품이 나올 때면 매장은 일명 오픈런을 하기 위해 밤새 줄을 서는 사람들이 있을 정도입니다. 이처럼 명품에 열광하는 사람이 많아지다 보니 이들의 구매 심리에 관한 연구도 활발합니다. 아마 명품 업계는 더 많이 팔기 위해 연구를 의뢰하는 일도 적지 않을 것입니다.
　많은 이들이 명품에 열광하는 이유는 사회적 지위의 표현, 그리고 자기 계발에 가치를 두는 사람들의 자기 표현이라는 것이 정설입니다. 명품에 대한 긍정적인 견해로는 장인정신에 대한 열망과 더 좋은 품질이라지만 부정적인 견해는 훨씬 더 많습니다. 물질주의에 빠져 있는 것이며, 사회적 불평등에 대한 관심 부족, 명품의 소유 자체를 신분 상승으로 착각하고 있다고 말합니다. 단순한 과시효과에 지나지 않는다고도 지적합니다.

사실 명품이라는 단어가 등장한 것은 얼마 되지 않습니다. 우리가 말하는 명품들은 예전에는 다 사치품이라 불렀습니다. 대표적인 여성은 마리 앙투아네트(Marie Antoinette, 1755~1793)입니다. 프랑스의 왕비였던 그녀는 새로운 패션에 관심이 많아 보석류로 만든 장신구로 화려하게 꾸미는 것을 좋아했습니다. 마리 앙투아네트를 만족시키기 위한 좋은 디자인과 품질을 위해 장인들이 엄청난 노력을 했다는 것은 유명한 얘기입니다.

남성 중에도 명품을 좋아한 사람이 있습니다. 오노레 드 발자크(Honore de Balzac, 1799~1850)는 19세기에 활동한 프랑스의 소설가이자 극작가입니다. 사치스런 생활로 유명했던 그는 특히 스위스 시계와 몽블랑 펜을 무척 좋아했다고 알려져 있습니다. 그가 앙투아네트와 다른 점은 돈이 넉넉하지 않아 빚을 내가면서까지 명품을 구입했다는 것입니다. 가히 그 정도라면 명품에 미친 사람이라 해도 이상하지 않을 것입니다. 그는 명품에 대해 "명품은 필요가 끝나는 곳에서 시작되는 필수품이다"라고 정의를 내리기도 했다지요.

성경에 명품 옷에 대한 기록은 없습니다. 성경에 나오는 중요한 옷이라고 해봐야 제사장의 옷, 엘리야의 두루마기, 예수님의 세마포 정도입니다. 그러나 명품이라는 말은 없어도 명품 옷을 입은 사람은 있었습니다. 바로 야곱의 열한 번째 아들인 요셉입니다.

요셉의 일생을 보면 유독 옷에 대한 이야기가 많이 나옵니다. 아버지 야곱이 지어 준 채색 옷부터 시작해 요셉 인생의 굵직한 전환점에는 항상 옷이 등장했습니다. 요셉을 보면서 우리가 어떤 옷을 벗고 어떤 옷을 입어야 하는지를 생각해 보는 것도 매우 흥미로운 일이라 생각합니다.

자랑의 옷 벗기

야곱은 아들 열둘이 있었습니다. 그런데 그는 열한 번째 아들인 요셉을 무척이나 편애하였습니다. 야곱은 아들 중 요셉에게만 채색옷을 입혔습니다. 당시 채색옷은 매우 값비싼 옷으로 아무나

입지 못했습니다. 요셉이 입었던 채색옷의 가격을 현 시가로 알 수는 없지만, 다른 아들들에게는 다 입혀 주지 못했을 만큼 비싼 옷이었던 것은 분명합니다. 요셉의 원래 성격이 그랬는지, 아니면 그가 형제들 사이에서 혼자 입고 다녔던 비싼 채색옷 때문인지는 몰라도 요셉에게서 교만한 마음이 살짝 엿보입니다. 그 배경에 아버지의 편애가 있었음은 당연한 사실입니다. 그런 아버지를 믿고 요셉은 종종 형들의 잘못을 고자질했던 것 같습니다.

> 야곱의 족보는 이러하니라 요셉이 십칠 세의 소년으로서 그의 형들과 함께 양을 칠 때에 그의 아버지의 아내들 빌하와 실바의 아들들과 더불어 함께 있었더니 그가 그들의 잘못을 아버지에게 말하더라 창 37:2

형제들 사이에서 요셉의 자랑하는 마음, 교만한 마음이 있었음을 보여 주는 대목입니다. 이 일로 요셉은 형들로부터 미움을 받게 됩니다. "뭐, 좀 자랑할 수도 있지!", "자랑이 뭐 그렇게 나쁜 건가?"라고 할 수도 있지만 성경은 그렇게 이야기하지 않습니다. 로마서는 사형에 해당하는 죄를 열거하면서 그중에 '자랑'이라는 항목이 있음을 보여 줍니다(롬 1:28–31). 놀랄 만한 내용이 아닐 수 없습니다. 자랑은 미움을 낳게 하고 그 미움은 결국 관계를 단절

시키기에 자랑은 모든 관계를 깨뜨립니다. 관계가 깨어진다는 것은 곧 죽음을 의미합니다. 사람과의 관계도 깨지면 죽을 만큼 힘들지만, 하나님과의 관계가 깨어지면 정말 죽기 때문입니다. 그것이 가장 큰 벌일 것입니다. 요셉도 자랑하는 마음, 교만한 마음, 다른 이들보다 낫다고 생각하는 우월감 때문에 형들과의 관계가 깨어집니다. 형들은 결국 요셉이 입고 있던 자랑과 교만의 옷을 벗깁니다.

> 요셉이 형들에게 이르매 그의 형들이 요셉의 옷 곧 그가 입은 채색옷을 벗기고 그를 잡아 구덩이에 던지니 그 구덩이는 빈 것이라 그 속에 물이 없었더라 창 37:23-24

상황은 이렇습니다. 아버지 야곱이 세겜에서 양을 치던 형들에게 요셉을 보냅니다. 형들과 양이 모두 잘 있는지 보고 오라는 심부름이었습니다. 요셉이 오는 것을 본 형들은 평소 요셉의 행실이 마음에 들지 않은 터라 그를 죽여 구덩이에 넣으려 하였습니다. 그때 맏형 르우벤이 요셉을 죽이지 말자고 동생들을 설득하고 자리를 비운 사이, 넷째 유다의 제안으로 요셉을 이스마엘 상인에게 팔아 애굽으로 보내게 됩니다. 르우벤이 돌아온 후 상황이 커진 것을 알고는 수습합니다. 요셉이 입었던 그 화려한 채색

옷에 염소의 피를 묻혀 아버지 야곱에게 요셉이 짐승에 물려 죽었다고 보고한 것입니다.

> 그들이 요셉의 옷을 가져다가 숫염소를 죽여 그 옷을 피에 적시고 그의 채색옷을 보내어 그의 아버지에게로 가지고 가서 이르기를 우리가 이것을 발견하였으니 아버지 아들의 옷인가 보소서 하매 아버지가 그것을 알아보고 이르되 내 아들의 옷이라 악한 짐승이 그를 잡아 먹었도다 요셉이 분명히 찢겼도다 하고 자기 옷을 찢고 굵은 베로 허리를 묶고 오래도록 그의 아들을 위하여 애통하니 창 37:31-34

요셉이 첫 번째 벗은 옷은 바로 자랑의 옷, 교만의 옷이었습니다. 자랑의 옷은 벗어야 합니다. 자랑으로는 향기를 낼 수 없습니다. 자랑으로는 관계를 회복할 수 없습니다. 자랑이 아닌 감사가 나타나야 합니다. 그럴 때 우리는 주변 사람들에게 향기를 발할 수 있습니다.

정욕의 옷 벗기

요셉은 애굽의 군대 장관 보디발의 집에 종으로 팔려 갔습니다. 요셉은 그곳에서 특유의 성실함으로 집사 역할을 맡게 됩니다. 보디발이 요셉의 신실함을 높이 산 것 같습니다. 이제 마냥 편할 것만 같았던 요셉에게 뜻밖의 시련이 닥칩니다. 그것은 보디발의 아내가 보내는 집요한 유혹이었습니다. 결국 집에 둘밖에 없을 때 보디발의 아내가 작정하고 요셉을 유혹합니다. 요셉이 옷을 벗고 도망갔다고 한 것을 보면 보디발의 아내는 요셉의 옷을 잡고 끌어당긴 것 같습니다.

이 유혹을 절대 무시할 수 없는 이유는, 단지 육체의 쾌락만을 유혹받는 것이 아니었기 때문입니다. 보디발 아내의 유혹은 팔려간 애굽 땅에서 힘들게 종살이를 해야 하는 요셉에게는 안락하고 안전한 삶의 보장과도 같았습니다. 유력한 부인의 보살핌을 받는다는 것은 보다 편안한 생활의 보장을 의미합니다. 요셉은 그것이 옳지 않은 일인 것을 알았기에 단호히 거절합니다.
그러자 보디발의 아내는 변했습니다. 그녀는 자신의 사랑을 소유하지 못하자 증오하게 됩니다. 보디발의 아내가 요셉을 범죄자로 둔갑시키기는 어렵지 않았습니다. 도망갈 때 벗어놓았던 옷이 있었기 때문입니다. 결국 부인할 수 없는 증거물로 인해, 아니 아무리 부인해도 남아 있는 증거물로 인해 요셉은 감옥에 들어가게 됩니다.

그런데 여기에서 요셉의 대단한 점이 나타납니다. 보디발 아내의 유혹을 이겨낸 것도 대단하지만 죄 없이 억울하게 감옥에 갇히게 되었는데도 요셉은 자신의 성결함을 계속 지켜나갔고 하나님 앞에서의 정직함을 포기하지 않았습니다. 이 점이 요셉이 향기를 낼 수 있었던 요인입니다. 요셉의 향기는 총리가 되어서 난 것이 아닙니다. 향기가 났기 때문에 총리가 될 수 있었습니다.

그리스도인에게서 향기가 나지 않는 이유는 분명합니다. 그것은 일상 생활에서 정직하지 못하기 때문입니다. 성결하게 살지 못하기 때문입니다. 교회가 아닌 사회에서 생활할 때, 우리는 교회 밖 사람들과 똑같은 방법으로 싸우고, 똑같은 방법으로 경쟁하고, 똑같은 방법으로 경영하고, 똑같은 방법으로 영업하고 있지는 않은지 되돌아보아야 합니다.

그리스도인의 향기를 내기 위해서는 먼저 정욕의 옷을 벗어야 합니다. 부적절한 만남은 끊어야 합니다. 부적절한 거래는 삼가야 합니다. 정직하지 못한 방법은 모두 버려야 합니다. 부정한 생각은 멈춰야 합니다. 부정한 곳은 스스로 출입을 금해야 합니다. 그래야만 그리스도인의 옷을 입을 수 있습니다. 그럴 때 그리스도인의 향기를 발하게 됩니다.

세마포로 옷 입기

자랑의 옷을 벗고, 정욕의 옷을 벗은 요셉을 하나님은 좋아하셨습니다. 그래서 하나님은 친히 요셉에게 옷을 입혀 주셨습니다. 그것은 최고 브랜드의 옷이었습니다. 우리는 요셉이 총리가 된 것에 주목하고 그의 화려한 옷에만 관심을 둡니다. 하나님이 요셉에게 총리의 옷을 입혀 주셨다고 생각하며 부러워합니다. 그런데 성경은 요셉이 세마포 옷을 입었다고 말합니다.

> 자기의 인장 반지를 빼어 요셉의 손에 끼우고 그에게 세마포 옷을 입히고 금 사슬을 목에 걸고 창 41:42

이집트의 바로왕은 요셉에게 모든 것을 자신과 똑같이 해주었다고 합니다. 요셉에게 그만큼 큰 권한을 주었습니다. 그런데 한 가지 이상한 점이 있습니다. 원래 이집트 파라오의 복장은 세마포가 아니었습니다. 바로가 요셉에게 세마포를 입혔다는 것은 하나님의 의도가 분명합니다. 성경에 나오는 세마포는 상징성이 있는 표현입니다. 특정한 상황에만 세마포라는 말을 씁니다. 성막의 휘장이나 제사장들의 옷 그리고 예수님을 싼 천을 설명할 때입니다. 그러기에 세마포란 성도들의 거룩한 행실을 말할 때 상징적으로 나타내는 천을 말합니다.

그에게 빛나고 깨끗한 세마포 옷을 입도록 허락하셨으니 이 세마포 옷은 성도들의 옳은 행실이로다 하더라 계 19:8

또 하늘 군대의 옷을 의미할 때 세마포라는 단어를 씁니다.

하늘에 있는 군대들이 희고 깨끗한 세마포 옷을 입고 백마를 타고 그를 따르더라 계 19:14

무엇을 말할까요? 하나님이 요셉에게 거룩한 옷, 하늘 군대의 옷을 입혀 주셨다는 의미이기도 합니다. 하나님은 자랑의 옷과 정욕의 옷을 벗은 요셉에게 하나님의 옷인 '거룩의 옷'으로 그를 입히신 것입니다. 우리에게도 자랑의 옷이 있습니다. 우리는 아직도 정욕의 옷을 입고 있습니다. 그러나 그 옷을 입고 있는 한, 하늘 군대의 거룩한 옷을 입을 수는 없습니다. 새로운 옷을 입기 위해서는 입고 있던 옷을 모두 벗어야 합니다. 하나님이 입혀 주시는 거룩한 성도의 옷을 입기 위해서는 자랑의 옷, 정욕의 옷을 과감하게 벗어버려야 합니다. 그리고 주님이 입혀 주시는 하나님 군대의 거룩한 옷을 입어야 할 것입니다. 그럴 때 그리스도인은 향기를 발하게 됩니다. 하나님이 입혀 주시는 옷이 명품 중 명품, 최고 브랜드의 옷입니다.

오늘, 드리는 기도

주님, 내 안에 자랑하고 싶은 마음이 많습니다.
우리의 마음을 다스려 주십시오.
자랑이 변하여 겸손과 감사가 되게 하여 주십시오.
주님, 내 안에 정욕이 끊임없이 솟구치고 있습니다.
정욕의 옷을 벗고 성결의 옷을 입게 하여 주십시오.
자랑의 옷과 정욕의 옷을 입어 멸망의 길로 들어가지 않게 하시고
주님 주신 최고의 옷을 입고 향기를 발하며 살게 하여 주십시오.
예수 그리스도의 이름으로 기도드립니다. 아멘.

멘토링
06

강도로 살지 않기
내 이익을 위한 신앙생활 하지 않기

하나님은 우리가 하나님의 뜻을 이루도록 부르시고 임무를 주십니다. 그러나 그 역할에는 관심이 없고 내 기도 제목만 놓고 구하고 내 의와 내 생각대로 살려 한다면 그것이 강도가 되는 것이요, 그런 사람들이 모인 교회는 서서히 강도의 소굴이 되고 맙니다. 하나님의 뜻을 묻고 그 뜻대로 행하려는 희생이 있어야 성전은 완성됩니다.

> feat. 성전에서 장사하던 사람들

　제가 어릴 적 신앙생활을 하던 때는 교회에서 바자회를 하지 못하도록 했습니다. 교회에서 돈거래를 해서는 절대 안 된다는 말씀이었습니다. 소그룹 모임에서 회비도 걷지 못하도록 했습니다. 교회는 기도하는 집이라고 강조하며 특별새벽기도, 릴레이 기도, 합심 기도 등 각종 기도회를 만들어 열심히 기도를 가르치고 독려했습니다.

　그런데 그렇게 돈거래는 절대 안 하고 기도회를 많이 해서 지금 한국교회가 좋아졌을까요? 생각해 보면 꼭 그렇지만은 않은 것 같습니다. 예수님의 방법대로 돈거래를 하지 않고 기도에 힘

썼다면 교회는 잘 성장해야 할 텐데 오늘날의 교회들은 그렇지 못합니다.

성전에서 돈 바꾸던 사람들

예수님의 성전 정화 사건은 예루살렘에 들어가신 후 첫날 제일 먼저 행하신 사건으로 유명합니다. 우리는 예루살렘 성전에서 행해지던 비본질적인 행위들을 책망하시는 예수님을 보면서 성전을 바르게 세우시려는 모습 정도로 생각합니다.

그러나 이 사건의 본 의도를 알 필요가 있습니다. 그것을 알기 위해서는 예수님이 예루살렘에 들어가신 후 왜 제일 먼저 성전에 가셨는지를 알아야 하고, 왜 성전에서 분노하셨는지를 알아야 합니다. 그래야 이 사건이 우리에게 주는 메시지가 무엇인지 정확하게 알 수 있습니다.

예루살렘에 올라가신 예수님은 당시 성전의 상황을 보시고 분노하셨습니다. 마태복음이나 마가복음서의 기록과는 달리 요한복음은 예수님의 분노를 조금 더 파격적으로 기록합니다.

성전 안에서 소와 양과 비둘기 파는 사람들과 돈 바꾸는 사람들이 앉아 있는 것을 보시고 노끈으로 채찍을 만드사 양이나 소를

다 성전에서 내쫓으시고 돈 바꾸는 사람들의 돈을 쏟으시며 상을 엎으시고 요 2:14-15

얼마나 화가 나셨는지 예수님답지 않게 노끈으로 채찍을 만드셨다고 요한은 전하고 있습니다. 복음서의 내용들을 다 정리해 보면 예수님이 분노하시는 모습이 이렇게 나타납니다. 매매하는 자들을 내쫓으셨고, 돈 바꾸는 사람과 비둘기 파는 사람들의 상과 의자를 엎으셨으며, 노끈으로 채찍을 만들어 휘두르셨습니다.

사실 엄밀히 말하면 이런 행위는 당시 돌에 맞아 죽임을 당할 수도 있는 행동이었습니다. 또는 죽임까지는 아니더라도 엄청난 손해배상을 해야 하는 위험한 행동이었습니다. 그러나 그보다 더 중요한 것이 있습니다. 바로 예수님의 이미지 실추입니다. 예수님은 "일곱 번씩 일흔 번까지도 용서하라"(마 18:22)라고 가르쳐 오셨는데 이런 행동은 예수님의 평소 가르침과는 상반되는 모습이었습니다. 예수님은 왜 분노하셨을까요? 한 번만 참으셨으면 되는데 이미지를 다 구기신 것 같습니다.

조금 더 깊이 성경을 해석하는 사람들은 성전 정화가 '정의'에 관한 메시지라고 말합니다. 예수님은 당시 예루살렘 성전에 횡행하던 이권 카르텔을 깨뜨리시면서 성전에서 불법이 행해지면 안

된다는 메시지를 전하신 것이라고 해석합니다. 이때 성전에서 횡행하던 큰 비리 중 하나는 환전이었습니다. 당시는 로마 화폐(데나리온, 앗사리온, 고드란트)와 그리스 화폐(드라크마, 렙돈)가 통용되었습니다. 유대인들의 화폐인 세겔은 일상에서는 통용되지 않고 성전에서만 쓰이는 화폐였습니다. 성전 입장료는 오직 세겔로만 받기 때문에 사람들은 반드시 로마 화폐나 그리스 화폐를 세겔로 환전해야 했습니다. 문제는 그 환전에서 일어났습니다. 성전에서 환전을 해주는 자들이 환율 차이를 크게 하여 환차익으로 부를 축적한 것입니다.

또 하나는 제물 감별사들의 비리입니다. 유대 율법에 따르면 하나님께 드리는 제물은 흠이 없어야 했습니다. 그래서 제물을 하나님께 드릴 때 흠의 여부를 판단해 주는 사람인 감별사가 있었습니다. 그런데 이 감별사들이 행패를 부렸습니다. 사람들이 제사를 드리기 위해 집에서 가져온 제물에 대해 트집을 잡아 성전에서 판매하는 제물로 바꾸게 했습니다. 제물로 쓰일 동물들은 일반 시장에서 통용되는 가격보다 4-5배 높은 가격으로 판매했습니다.
제물 감별사와 동물을 판매하는 장사꾼, 성전의 관리자 격인 제사장과의 결탁이 없고서는 절대 일어날 수 없는 일이었습니다.

환전상과 제물 감별사, 그리고 동물을 파는 상인들은 모두 제사장의 친인척들이었습니다. 이들은 제사장의 힘을 등에 업고 이권을 얻어 부를 축적했습니다. 성전을 통해 이익을 추구하는 사람들로 성전의 이권 카르텔을 형성한 것입니다.

예수님의 분노

그러나 예수님이 분노하신 이유는 그 때문이 아니었습니다. 물론 성전에서는 돈거래도 조심해야 하고, 기도도 열심히 해야 합니다. 부정한 카르텔을 형성하여 사사로운 이익을 취해서도 안 됩니다. 그러나 예수님이 분노하신 진짜 이유는 바로 제물 때문이었습니다. 성전은 하나님께 제물을 드려 제사하는 곳입니다. 따라서 성전에서는 제물이 중요하게 드러나야 합니다. 제물은 피를 흘려야 제물로써의 의미를 지니게 됩니다. 히브리서는 이것을 이렇게 설명합니다.

> 율법을 따라 거의 모든 물건이 피로써 정결하게 되나니 피흘림이 없은즉 사함이 없느니라 히 9:22

예루살렘에 올라가신 예수님의 첫 방문지가 성전이었던 것은 앞으로 예수님이 희생제물이 되실 것을 알려 주시기 위함이었습니다. 그런데 그 성전에 당연히 있어야 할 희생제물은 없고, 자기 이익을 챙기려는 사람만 가득했던 것입니다. 자기를 희생하려는 사람은 없고 자기가 바라는 바를 얻으려 하는 사람만 가득했습니다. 주님이 분노하신 이유가 바로 이 때문이었습니다. 성전은 자신을 죽이는 곳이어야 합니다. 나의 이익을 얻으려 하는 곳이어서는 안 됩니다. 예수님은 그것을 '강도의 소굴'이라그 표현하셨습니다.

우리의 교회는 성전입니까? 강도의 소굴입니까? 이것은 교회의 구성원이 어떤 마음으로 교회에 나오는지로 알 수 있습니다. 구성원 대부분이 '희생제물이 되려고 하는가?' 아니면 '내 것을 챙기려고 하는가?'로 구분할 수 있습니다.

단순히 돈의 이익을 말하는 것이 아닙니다. 사람들은 대부분 자신이 간절히 원하는 것을 기도 제목으로 삼습니다. 그 내용을 가만히 살펴보면 내가 교회에서 희생제물을 드리고 있는지, 아니면 내 이익을 챙기려고 하는지를 알 수 있습니다.

손해를 보지 않으려 하고 자존심을 세우려 하는 모습은 우리가 교회를 강도의 소굴로 만들어 가고 있음을 보여 줍니다. 교회에서 나의 의를 드러내려 하는 것, 내가 영광을 받으려 하는 것도 모두 교회를 강도의 소굴로 만들어 가는 것입니다. 나를 희생제물로 드리지 않는 이상 교회는 강도의 소굴이 되고 맙니다.

인류 역사에서 하나님과 교회가 사람들로부터 외면을 당하기 시작한 시점은 1·2차 세계 대전 이후입니다. 물론 그 이전에도 그런 일이 많이 일어났지만 1·2차 세계 대전 이후 더욱 두드러졌습니다. 이 대전에 참여한 나라는 대부분 기독교 국가였습니다. 하나님을 믿는 나라들이 서로 죽고 죽이는 전쟁을 하여 2천만 명 이상의 사상자를 내는 끔찍한 전쟁을 벌인 것입니다.

더구나 각 나라의 교회들은 앞장서서 전쟁을 독려하기도 하였습니다. 독일교회는 1·2차 세계 대전을 동조하고 찬양하였습니다. 그러다 보니 전쟁 이후 사람들은 하나님의 존재를 부정했고 외면했습니다. 하나님이 살아계신다면 그런 비극이 일어나지 않을 거라고 생각했기 때문입니다.

이러한 역사적인 비극은 단절되지 않고 오늘까지 이어집니다. 러시아 정교회 총대주교 키릴(Kirill)은 2022년 2월 24일 러시아의 우크라이나 침공 시 "하나님으로부터 선택받은 민족인 러시아, 우크라이나, 벨라루스가 '루스키 미르'(러시아 문화와 평화를 이르는 말)의 중심이 되어야 한다. 러시아의 우크라이나 침공은 '루스키 미르'를 성사시키기 위한 성스러운 미션이다"라는 내용의 담화를 발표하였습니다. 2022년 9월 21일, 푸틴의 군 동원령이 내려진 때에는 "조국을 위해 목숨을 바치면 하나님과 함께 천국에서 영광과 영생을 누린다는 사실을 기억하라"라고 설교했습니다. 당시 외신들은 "전쟁에서 싸우다 죽으면 죄 사함을 받는다"라는 제목으로 급히 타전했을 정도입니다.

반면 2023년 1월 7일, 우크라이나 정교회의 총대 주교인 에피파니우스(Metropolitan Epiphanius)는 성탄 예배에서 다음과 같이 기도했습니다. "주님, 우리 집에 슬픔을 가져온 적을 물리치도록 도와주소서. 우리가 마침내 우리의 땅에서 침략군을 몰아낼 수 있도록 주님, 우리를 도와주소서."

어떻게 생각하십니까? 오래전 독일교회가 교회의 역할을 잘 감당했다고 생각하십니까? 오늘날 러시아 정교회가 교회의 역할을 제대로 잘하고 있다고 생각하십니까? 많은 생각을 하게 만드는 대목이 아닐 수 없습니다. 그런데 국가만 그런 것일까요? 우리가 교회 안에서 나의 이익을 위해 기도하고 신앙생활을 한다면 이는 교회를 강도의 소굴로 만드는 것입니다.

그들에게 이르시되 기록된 바 내 집은 기도하는 집이라 일컬음을 받으리라 하였거늘 너희는 강도의 소굴을 만드는도다 하시니라 마 21:13

기도의 뜻은

기도에는 두 가지 뜻이 있습니다. 하나는 '묻다'라는 의미이고 또 하나는 '무릎을 꿇다'라는 뜻입니다. 기도는 하나님의 뜻을 알기 위해 무릎을 꿇고 하나님께 묻는 것을 의미합니다. 삼손의 아버지 마노아가 하나님께 기도할 때 이렇게 하였습니다. "내가 어떻게 행해야 할지를 가르쳐 주십시오." 성경은 이것이 기도라고 말합니다. 기도는 곧 하나님께 묻는 자세입니다.

마노아가 여호와께 기도하여 이르되 주여 구하옵나니 주께서 보내셨던 하나님의 사람을 우리에게 다시 오게 하사 우리가 그 낳을 아이에게 어떻게 행할지를 우리에게 가르치게 하소서 하니 삿 13:8

기도의 또 하나의 뜻은 '무릎을 꿇다'라는 의미입니다. 이는 다니엘이 하나님께 기도하는 모습에서 드러납니다.

다니엘은 기도할 때마다 하나님께 무릎을 꿇었다고 말합니다. 무릎을 꿇는 그 자체에 주목하는 것이 아니라 하나님이 나의 주권자이심을 고백하는 자세를 강조합니다. 그러니 무릎을 꿇는 행위보다 하나님이 나의 주인이심을 인정하는 태도가 중요하다고 보아야 합니다. 하나님이 나의 주인이시기에 무릎을 꿇고 주님의 음성을 듣기 원하는 것, 그것이 바로 기도입니다.

> 다니엘이 이 조서에 왕의 도장이 찍힌 것을 알고도 자기 집에 돌아가서는 윗방에 올라가 예루살렘으로 향한 창문을 열고 전에 하던 대로 하루 세 번씩 무릎을 꿇고 기도하며 그의 하나님께 감사하였더라 단 6:10

하나님은 하나님 나라를 만들어 나가기 위해 우리를 부르십니다. 우리에게 하나님의 뜻을 이루도록 임무를 주십니다. 그러나 그 역할에는 관심이 없고 내 기도 제목만 놓고 구하며 내 의와 내 생각대로 살려 한다면 그것은 강도가 되는 것이요, 그런 사람들이 모인 교회는 서서히 강도의 소굴이 되고 맙니다. 하나님의 뜻을 묻고 그 뜻대로 행하여 성전을 만들어 나가야 합니다. 피 흘리는 희생이 있어야 성전은 완성됩니다.

오늘, 드리는 기도

주님, 우리가 성전에 나가 기도할 때
내 뜻이 아닌 주님의 뜻을 이루어 주십시오.
이 성전에서 주님께 묻게 하여 주시고
이 성전에서 무릎을 꿇게 하여 주십시오.
우리의 성전이 강도의 소굴이 아닌
피 흘림을 감당할 수 있도록 용기를 달라는
기도하는 집이 되게 하여 주십시오.
예수 그리스도의 이름으로 기도드립니다. 아멘.

멘토링
07

예쁘게 나이 먹기
마지막까지 하나님 의지하기

세상은 나이가 들수록 좋아하는 것을 추구하며 살라고 합니다. 그동안은 가족을 위해, 자녀를 위해 희생만 하며 살았으니 노년에는 자아 발견과 실현을 위해 재미있게 살라고 합니다. 그러나 나이를 먹으면서 하는 치명적인 실수는 하나님과의 거리가 멀어지는 것입니다. 하나님과 멀어지는 인생은 그가 어떤 일을 했건 관계 없이 인생을 성공적으로 마무리할 수 없게 합니다.

feat. 솔로몬

하나님께 삶을 맡기기 위한 좋은 방법으로 저는 '트리플 서티'(Triple thirty)를 자주 소개합니다. '트리플 서티'란 인생을 세 시기로 나누어 30년씩 세 번의 텀을 그 특성에 맞게 살자는 운동입니다. 저는 첫 30년은 하나님의 것으로 채우기에 힘쓰고, 두 번째 30년은 하나님의 방법으로 살기를 힘쓰고, 세 번째 30년은 하나님께 더 집중하기를 권면하곤 합니다.

그런데 솔로몬은 이중 마지막 세 번째 시간이 망가졌습니다. 인생의 마지막 지점인 3분의 1이 망가지면 인생 전체를 잘 완성할 수 없습니다.

솔로몬은 아버지 다윗의 뒤를 이어 이스라엘의 왕이 된 인물입니다. 다윗의 열 번째 아들이자, 우리아의 아내 밧세바에게서 태어난 솔로몬은 태생적으로 다윗의 뒤를 이어 왕이 될 수 있는 인물이 전혀 아니었습니다. 그러나 우여곡절 끝에 솔로몬은 이스라엘의 왕이 되었고 그 초기에 하나님의 뜻에 딱 맞는 생활을 하게 됩니다. 실제로 하나님은 솔로몬의 자세가 얼마나 좋으셨는지 그에게 많은 복을 부어 주셨습니다.

그러나 솔로몬은 나이를 먹으면서 하나님의 뜻과는 거리가 먼 행동을 하기 시작하는데 그것이 나라를 망치고 자손을 망치는 원인이 됩니다. 솔로몬의 이런 롤러코스터 같은 파란만장한 인생을 보다 잘 이해하기 위해서 그의 인생을 세 단계로 나누어 살펴보면 좋겠습니다. 청년 시절과 장년 시절, 그리고 노년 시절로 나누어 들여다보는 것이 솔로몬을 가장 잘 이해하는 방법이라 여겨집니다.

그의 청년 시절

솔로몬을 생각할 때 가장 핵심적인 사건은 이스라엘의 왕위에 오르고 난 뒤 하나님을 찾았던 사건일 것입니다. 솔로몬은 왕이 되고 난 후 제일 먼저 기브온 산당에 가서 하나님께 제사를 드렸습니다. 솔로몬이 그 유명한 일천번제를 드린 후, 하나님은 솔로몬이 원하는 것을 무엇이든지 주시겠다고 하며 바라는 것을 말하라고 하셨습니다. 그때 솔로몬은 겸손하게 자신이 이스라엘을 통치할 능력이 없음을 고백하고, 하나님의 백성을 공평하게 다스릴 지혜를 요청하였습니다. 하나님은 솔로몬의 그 마음을 매우 좋게 보셔서 지혜를 구한 솔로몬에게 재물까지도 주겠다고 약속하셨습니다.

그렇게 하나님은 솔로몬에게 백성을 잘 다스릴 지혜를 주셨습니다. 솔로몬은 하나님께 받은 지혜로, 두 여인이 한 아기를 안고 와 서로 자신의 아기라고 우기는 분쟁을 기가 막히게 판결합니다. 하나님이 주신 지혜로 솔로몬이 당시 주변 국가들로부터 얼마나 칭송을 받았는지 성경은 이렇게 말해 줍니다.

솔로몬의 지혜가 동쪽 모든 사람의 지혜와 애굽의 모든 지혜보다 뛰어난지라 그는 모든 사람보다 지혜로워서 예스라 사람 에단과 마홀의 아들 헤만과 갈골과 다르다보다 나으므로 그의 이름이 사방 모든 나라에 들렸더라 그가 잠언 삼천 가지를 말하였고 그의 노래는 천다섯 편이며 그가 또 초목에 대하여 말하되 레

바논의 백향목으로부터 담에 나는 우슬초까지 하고 그가 또 짐승과 새와 기어다니는 것과 물고기에 대하여 말한지라 사람들이 솔로몬의 지혜를 들으러 왔으니 이는 그의 지혜의 소문을 들은 천하 모든 왕들이 보낸 자들이더라 왕상 4:30-34

솔로몬이 몇 살에 이스라엘의 왕이 되었는지 성경은 정확하게 말하지 않지만, 기록의 정황으로 보면 청년기에 왕위에 오른 것으로 추정됩니다. 솔로몬은 청년기에 하나님을 아주 잘 섬겼으며 하나님을 의지하는 일에 최선을 다했던 인물이었습니다. 하나님은 그런 솔로몬을 도우셨고 많은 복을 주셨습니다.

그의 장년 시절

장년이 된 솔로몬은 이스라엘을 위해 많은 업적을 남깁니다. 그중 핵심 업적으로는 건축을 들 수 있습니다. 이스라엘을 통치했던 40년 중 전반기 20년을 건축에 온 힘을 썼습니다. 예루살렘 성전 건축으로 7년, 왕궁 건축으로 13년의 세월을 보냅니다. 웅장한 대형 건축물과 함께 힘과 부와 명성이 최고로 빛났던 시기였습니다. 솔로몬의 위대함은 이스라엘 내에서뿐 아니라 당시 중동의 모든 지역과 아프리카까지 전해졌습니다. 솔로몬의 위상을 잘 나타내는 사건이 많았는데 그중 스바 여왕의 이스라엘 방문은 최고의 절정을 보여 줍니다.

스바의 여왕이 솔로몬에게 가져온 금품 중 금 120달란트는 오늘날의 무게로 환산할 때 금 3톤 정도로 지금도 놀랄 만한 양이 아닐 수 없습니다. 게다가 심히 많은 향품과 보석을 솔로몬에게 주었다고 하니 솔로몬과 이스라엘의 위상이 얼마나 높았는지 가히 짐작이 가는 대목입니다. 이렇게 솔로몬의 장년 시절은 하나님과 나라를 위해 열심히 일했던 시기라고 볼 수 있습니다. 솔로몬은 자신이 맡은 이스라엘을 강하게 만들기 위해 장년의 때에 누구보다도 열심히 일했던 왕이었습니다.

그의 노년 시절

솔로몬의 안타까움은 노년기에 드러납니다. 아마도 오랜 권력자의 자리가 솔로몬을 그렇게 만들었는지도 모릅니다. 솔로몬은 나이를 먹으면서 하나님을 찾기보다 여자를 더 많이 찾았습니다. 솔로몬에게는 700명의 아내와 300명의 첩이 있었는데 이들은 대부분 주변국의 여자들이었고 그 여인들은 이스라엘로 시집오면서 자신들이 섬기던 우상을 가지고 왔습니다. 솔로몬은 자연스럽게 그녀들이 섬기던 우상을 함께 숭배하게 되는데 이것이 하나님의 진노를 샀던 가장 큰 부분입니다.

　우리가 대체로 이해하기는 솔로몬이 나이를 먹으며 여자들을 좋아했고, 그 여성들이 솔로몬에게 이방 신을 섬기도록 했다고 생각합니다. 그러나 그 이면에는 더 근본적인 문제가 있었습니다. 솔로몬이 단순히 여자를 좋아한 것은 아니었습니다.
　솔로몬의 잘못은 하나님의 능력을 믿지 못한 불신앙이었습니다. 솔로몬은 대체로 이방 나라들과 정략결혼을 했습니다. 이방 여자들과의 결혼을 통해 이스라엘 국경을 지키고 나라를 화평케 하기 위함이었습니다. 그러나 이것은 하나님의 명령을 어긴 행동이었습니다.

　하나님은 이스라엘에 군대를 두지 말라고 명하셨습니다. 하나님이 이스라엘을 친히 지켜 주겠다는 강한 의지를 보이신 것입니다. 그런데 솔로몬은 나이를 먹으면서 점점 하나님의 능력을 믿지 못했고, 결국 다른 것을 의지하여 나라를 지키려 했습니다. 여자를 좋아해서 우상을 섬긴 것이 아니라 하나님을 믿지 못해서 이방 나라와 정략결혼을 한 것이고, 이방 여자와 결혼하면서 그들의 우상을 자연스럽게 섬겼습니다.

그렇게 신앙이 흔들린 솔로몬이었기에 그의 아내들이 나이 든 솔로몬을 자기들이 섬기는 신 앞으로 데려가는 일은 전혀 어렵지 않았습니다.

하나님께 맡긴다는 것은 더 적극적으로는 하나님이 이 일에 개입하시기를 바란다는 의미입니다. 솔로몬과는 달리 아버지 다윗은 그 부분에서 철저하게 하나님을 의지했습니다. 그러나 아들 솔로몬은 이러한 믿음이 하나씩 하나씩 무너지고 있었습니다. 솔로몬을 보면서 중요하게 얻을 수 있는 교훈은 다음의 두 가지일 것입니다.

하나님께 맡기기

세상은 하나님께 맡기는 것을 이상하게 생각합니다. 힘과 의지가 없는 나약함으로 이해거나 아무 생각 없는 사람같이 취급하는 경향도 있습니다. 세상 일에서 소외되거나 멀어져 죽을 날만 기다리는 자들로 보기도 하고 소망 없는 자들로 여기기도 합니다. 그러나 그렇지 않습니다. 하나님께 맡긴다는 것은 역설적이게도 하나님의 적극적인 개입을 의미합니다. 삶의 아름다운 완성을 위해 하나님의 개입을 매우 적극적으로 바라는 것입니다.

화력이 좋은 A라는 무기와 상대적으로 화력이 약한 B라는 무기가 있다고 합시다. 그러나 전쟁에서 이기기 위해서는 화력이 좋은 무기가 무조건 좋은 것이 아닙니다. 상대에 따라서 무기를 선택해 사용해야 한다는 것이 앞서 '들어가는 글'에도 소개한 다윗의 법칙입니다. 다윗이 골리앗을 무너뜨렸을 때 사용했던 무기가 창과 칼이 아닌 작은 물맷돌이었기에 붙여진 이름입니다.

20세기 최고의 상담사요 스위스의 내과, 정신과 의사며 심리상담사였던 폴 투르니에(Paul Tournier, 1898~1986)는 그의 책 『노년의 의미』에서 다음과 같이 말합니다.

> 아름다운 노년을 위해서는 내려놓기가 필요하다. 내려놓기는 힘을 추구하려는 의지로부터의 해방이다. 하나님은 강력한 손으로 우리를 다시 붙잡으시고 우리는 다시 하나님께 모든 것을 맡기는 것이다. 하나님께 모든 것을 맡기는 내려놓기는 나에게는 세상을 등진다는 뜻이 전혀 아니다. 오히려 폭넓고 더 깊이 세상에 관심을 갖는다는 것이다.

그렇습니다. 하나님께 맡기는 것은 세상을 등지는 것이 아닙니다. 오히려 세상의 모든 일에 더 깊이 관심을 갖는 것입니다.

'트리플 서티'로 살기

이삭도 노년이 안타까운 인물입니다. 솔로몬 정도는 아니지만 이삭 또한 노년의 분별없는 행동으로 집안에서 가족 간 갈등을 조장했고 결국 평화가 깨지는 빌미를 제공했습니다.

> 이삭이 나이가 많아 눈이 어두워 잘 보지 못하더니 맏아들 에서를 불러 이르되 내 아들아 하매 그가 이르되 내가 여기 있나이다 하니 이삭이 이르되 내가 이제 늙어 어느 날 죽을는지 알지 못하니 그런즉 네 기구 곧 화살통과 활을 가지고 들에 가서 나를 위하여 사냥하여 내가 즐기는 별미를 만들어 내게로 가져와서 먹게 하여 내가 죽기 전에 내 마음껏 네게 축복하게 하라 창 27:1-4

성경의 이 한 구절로 이삭을 평가해서는 안 되지만 "어느 날 죽을는지 알지 못하니"라는 대목은 아쉬움이 많이 남는 부분입니다. 어느 날 죽을는지 알지 못하면 하나님께 더욱 집중해야 하는데, 좋아하는 음식을 찾았다는 것이 마음에 걸립니다. 세상은 나이 들어서 자신이 좋아하는 것들을 추구하며 살라고 합니다. 그동안은 가족을 위해, 자녀를 위해 희생만 해오며 살았으니 노년에는 자아 발견과 자아실현을 위해 재미있게 살라고 합니다. 그래서 그런지 주변에 은퇴 후 맛집 찾아다니는 사람이나 여행을 다니는 사람들을 많이 봅니다. 건강에 모든 신경을 집중하는 이들도 많습니다. 아니면 젊어서 하지 못했던 것에 시간을 쏟는 사람들도 있습니다.

그러나 한 가지 분명한 것이 있습니다. 나이를 먹으면서 하는 치명적인 실수는 하나님과의 거리가 멀어지는 것입니다. 하나님을 우리의 우선순위에서 배제하는 것입니다. 하나님과 멀어지는 인생은 그가 젊어서 하나님을 위해 어떤 일을 했건 관계 없이 결국 인생을 성공적으로 마무리할 수 없게 합니다.

그러기에 '트리플 서티'는 인생에 매우 유익한 운동입니다. 첫 30년을 하나님의 것으로 채우고, 다음 30년을 하나님의 방법으로 열심히 살고, 마지막 30년을 하나님을 위해 집중하는 그 마음이 우리의 인생을 아름답게 완성시킵니다. 인생의 향기는 노년에 완성됩니다.

오늘, 드리는 기도

주님, 나이를 먹을수록
주님과 가까워지기를 원합니다.
청년의 때에서 장년의 때로 갈수록
장년의 때에서 노년의 때로 갈수록
주님을 더 많이 생각하게 하여 주십시오.
주님을 더욱 의지하고 주님께 더 많은 것들을 맡기며 살아
우리의 소중한 인생을 완성해 나가게 하여 주십시오.
예수 그리스도의 이름으로 기도드립니다. 아멘.

멘토링
08

통장의 잔고 버리기
헌신의 잔고, 신앙의 잔고가 내 것이 아님을 알기

우리는 잔고가 없는 것 같이 살아야 합니다. 주님께 드렸던 과거의 헌신과 봉사는 다 잊어야 합니다. 그것이 오늘의 나를 구원하지 못하기 때문입니다. 대신 우리는 하루하루 하나님의 은혜가 없으면 살지 못한다는 신앙으로 살아야 합니다. 신앙은 바로 오늘, 지금이 중요합니다.

> feat. 부자 청년

　신앙에는 용기가 필요합니다. 주님이 우리를 군사로 부르셨기에, 세상과 싸워 이겨야 하는 우리에게는 용기가 필요합니다. 그리스도인으로서의 용기란 식당에 가서 낯선 사람들 사이에서 식사 기도를 하는 정도의 용기가 아닙니다. 교회를 혐오하는 시대에 당당히 "나는 교회에 다닙니다"라고 선언하는 용기가 아닙니다. 성경책을 들고 길거리에서 "예수 천당"을 외치는 그런 용기를 말하려는 것도 아닙니다. 하나님이 원하시는 용기란, 세상의 가치관과 싸우는 용기를 말합니다. 하나님은 우리가 세상의 가치관과 싸워 이길 것을 원하고 계십니다.

주님은 우리에게 좁은 길로 가라고 하시고 십자가를 지라고 하십니다. 모두가 풍요로워지기를 꿈꿀 때, 모두가 자신의 소망이 이루어지기를 꿈꿀 때, 모두가 건강과 재산이 하나님이 주시는 축복이라 믿을 때 "믿음은 그런 것이 아닙니다"라고 외칠 수 있는 그것이 그리스도인의 용기입니다.

이 점은 목사에게도 마찬가지입니다. 목회자들이 가져야 할 용기란, 모두가 더 큰 교회와 더 힘 있는 교회만을 꿈꿀 때 "하나님이 원하시는 교회는 그러한 모습이 아닙니다"라고 말할 수 있는 용기입니다. 교인이든 목사든 좁은 길로 갈 때, 주님이 마신 잔을 우리가 마시려고 할 그때 비로소 강해지고 향기를 낼 수 있습니다. 이 비밀을 굳게 믿고 그 길을 고집하는 것이 용기이고, 우리에게는 그런 용기가 필요합니다.

유대인의 잔고 신앙

예수님과 한 부자 청년이 구원에 관해 대화를 나누었습니다. 누가는 이 부자 청년을 '관리'라 지칭했습니다.

어떤 관리가 물어 이르되 선한 선생님이여 내가 무엇을 하여야

영생을 얻으리이까 눅 18:18

젊어서 관리가 됐다는 뜻은 그가 꽤 유능한 사람이기 때문이기도 했겠지만, 집안 대대로 바리새파였을 가능성이 높습니다. 유대교 지도자 가문이 아니라면 젊은이가 유대 사회에서 관리가 되기는 힘든 사회 구조였기 때문입니다. 그러기에 이 청년은 율법을 매우 잘 아는 사람이었을 것으로 짐작합니다.

그의 질문을 이해하려면 먼저 유대인의 구원관에 대해 알아야 합니다. 유대인들은 전통적으로 구원에 이르려면 율법을 지켜야 한다고 생각했습니다. 그들은 사람의 노력으로 구원을 얻는 것이 가능하다고 생각했고, 율법을 지키면 회계장부의 대변 잔고가 불어난다고 생각했습니다.

대변은 남에게 돈을 꾸어 주면 기록해 놓는 곳입니다. 그래서 여기에는 받을 돈을 기록합니다. 유대인들은 평소 열심히 율법의 잔고를 늘리려 애썼습니다. 율법의 잔고가 늘면 유익이 있다고 믿었기 때문입니다. 그것을 잔고의 유용성이라고 합니다.

이처럼 통장의 잔고를 늘리듯 율법을 열심히 지키고 선행을 하는 첫째 이유는 하나님이 그들의 구원에 대해 책임지셔야 한다고 생각했기 때문입니다. '내가 이렇게 선행을 많이 행하고 율법을 모두 지켰으니 하나님은 나를 반드시 구원해 주셔야만 해'라고 생각하는 것입니다.

두 번째는, 자신들은 죄를 지어도 보호받는다고 생각했기 때문입니다. 죄를 지으면 그 죄에 대한 벌을 받는 것이 아니라 그동안 쌓아 놓은 잔고가 단지 죄를 지은 만큼만 깎인다고 생각했습니다. 그래서 평소 잔고를 많이 쌓아 놓으면 죄를 좀 지어도 괜찮다고 생각했습니다. 이것은 죄에 대한 경각심을 매우 약하게 만듭니다.

세 번째는, 잔고 증여도 가능하다고 생각했습니다. 통장의 잔고가 남으면 남에게 줄 수도 있는데 특히 자녀에게 증여할 수 있으며 다른 일에 자유롭게 활용할 수도 있다고 생각했습니다.

이러한 관점에 따라 부자 청년은 그가 율법을 다 지켰기에 충분히 구원을 얻을 수 있다고 생각했습니다. 그러나 부자 청년은 가난한 사람들에게 재물을 모두 나눠 주고 나를 따르라는 예수님 말씀에 근심하며 돌아갔습니다. 청년은 단지 재물이 아까워서 돌아갔을까요? 아닙니다. 그는 율법을 다 지켰음에도 불구하고 구원을 얻을 수 없다는 예수님의 말씀을 받아들이지 못하고 돌아선 것입니다.

부자 청년은 지금껏 율법을 잘 지켜왔기 때문에 잔고가 넉넉하다고 생각했을 것입니다. 부자 청년이 가진 생각의 핵심은 '내가 왜 내 돈을 아무 관계 없는 가난한 사람에게 주어야 해?'가 아닙니다. '내가 이렇게 열심히 살아왔는데 왜 구원을 못 받아?'라는 것입니다. "아직도 뭐가 부족하단 말입니까?"라는 그의 질문 안에는 자신이 구원받을 자격이 충분하다고 믿는 것을 알 수 있습니다.

그 청년이 이르되 이 모든 것을 내가 지키었사온대 아직도 무엇이 부족하니이까 마 19:20

우리는 여전히 돈에 관심이 많아서 부자 청년의 돈에 집중하느라 중요한 핵심 하나를 놓치고 있습니다. 이 이야기를 접할 때 우리는 '그가 돈을 버릴까? 아니면 움켜쥘까?'만을 주로 생각합니다. 부자 청년이 돈이 아까워서 근심하며 갔다고 생각합니다. 그러나 이 이야기에서 중요한 것은 청년이 가지고 있던 돈이 아니라 율법주의 구원관입니다.

잔고의 유용성을 믿는 율법주의자에게 특별히 위험한 시기는 신앙의 경륜이 쌓일 때, 그리고 나이가 들 때입니다. 노인이 되면서 영성이 둔감해진 사람이 있습니다. 엘리 제사장이 그 대표적인 인물입니다. 사무엘서에는 엘리 제사장의 죄에 대한 기록들이 있습니다. 하지만 성경을 살펴보면 엘리 제사장이 처음부터 죄에 대해 둔감하지는 않았던 것 같습니다. 엘리는 어린 사무엘이 들은 낯선 소리가 하나님의 음성임을 정확히 알고 말해 준 영성의 사람이었습니다. 그러나 노년의 때에는 자녀의 죄와 그 심각성을 알지 못하는 무익한 신앙의 지도자가 되고 맙니다.

예수님 당시의 제사장, 바리새인, 서기관 그리고 관리 대부분도 마찬가지였습니다. 그들도 집단 변화를 가진 인물들로 보입니다. 처음에는 다들 하나님에 대한 헌신이 남달랐을 것입니다. 그러나 젊은 시절부터 쌓아 놓은 잔고가 있기에 노년의 죄는 별것 아니라고 간주했습니다. 잔고가 두둑하기에 구원에 지장이 없을 뿐 아니라 자신의 자녀까지도 보호받을 수 있다고 생각했을 것입니다.

한국교회의 잔고 신앙

불행하게도 잔고 신앙의 모습은 옛날 이스라엘의 유대교 지도자들에게서만 나타나지 않습니다. 오늘날 한국교회 안에서도 잔고 신앙의 모습이 그대로 나타납니다. 한국교회의 쇠락에는 목회자들의 모습에 어느 정도 책임이 있다는 것은 누구나 다 아는 사실입니다. 그런 일탈은 개인의 잘못으로 국한되지 않고 한국교회 전체에 악영향을 미친다는 것이 문제입니다.

젊어서 하나님의 일에 헌신적으로 몰입했던 분들이 노년기에 경각심을 잃는 경우가 많이 있습니다. 젊어서 많은 헌신을 했기에 웬만큼은 잘못해도 괜찮다는 생각이 그 밑에 깔린 것입니다. 이것이 바로 율법주의입니다. 우리가 성경을 보면서 지적하던 유대인들의 그 율법주의가 아이러니하게도 우리 안에 버젓이 들어와 있습니다. 그렇게 율법주의를 배격하며 '오직 말씀'을 주장해 왔건만 우리 안에 유대인보다 더 그릇된 율법주의 모습이 그대로 자리를 차지한 것입니다.

성도가 300명 정도인 한 지역교회의 목사님과 장로님이 걱정을 많이 하시는 것을 들은 적이 있습니다. 교회 안의 오랜 분쟁으로 교인이 줄고 재정도 빠듯하다는 것입니다. 분쟁의 이유는 원로 목사님의 은퇴 예우 때문이라고 합니다. 교회는 원로 목사님께 많은 전별금과 집을 드렸고, 또 매월 생활비도 꽤 드리기로 약속하였습니다. 그러나 목사님의 은퇴 후 10년이 지나며 그 약속을 지키는 가운데 교인들은 예우가 과하다며 하나둘 교회를 떠났고 교회 재정은 바닥난 상태라고 합니다. 이제 교회는 전별금을 드리기 위해 교육관을 팔고 은행 빚도 지며 갚아나가고 있다고 하였습니다. 그런데 교인들이 교회를 떠난 결정적인 이유는 비단 이 때문만이 아닙니다. 교회가 이렇게 많은 지출을 감당하고 있는데도 정작 목사님은 그것이 적다고 섭섭해하신다는 이야기를 들었기 때문이라고 합니다.

개척해서 40년간 목회를 하면 그 교회는 다 목회자의 것인가요? 40년 동안 교회를 성장시켰다면 다 목회자가 이루어 놓은 공로인가요? 만약 그렇게 생각한다면 그것도 율법주의입니다. 내가 했기 때문에 집도 받아야 하고, 전별금도 넉넉하게 받아야 하고, 죽을 때까지 사례비도 받아야 한다면 그것이 바로 잔고 신앙입니다.

그런데 목사만 그럴까요? 교회를 좀 오래 다니면, 또는 장로나 권사, 안수집사의 직분을 받으면 신앙생활에 대한 경각심이 줄어드는 모습을 많이 봅니다. 우선 예배에 대한 생각이 달라지는 경우가 많습니다. '평생 예배를 드려 왔는데 이제 좀 소홀해도 괜찮겠지'라고 생각합니다. 구제와 선교에 대해서도 달라집니다. 젊어서는 단기선교도 가도 열정적으로 전도도 했지만 이제 나이가 들고는 좀 쉬어도 된다고 생각합니다. 헌금에 대해서도 생각이 많이 달라집니다. '평생 헌금한 게 얼만데…' '나도 힘든데…'라는 마음이 찾아옵니다.

가장 중요한 것은 자녀에 대한 생각이 달라집니다. '내가 평생 자녀들을 위해 기도했는데 다 잘되겠지', '하나님이 지켜 주실 거야'라고 안일하게 생각합니다. '이렇게 평생 헌신했고 열심히 신앙생활을 했으면 구원받는 데 지장은 없을걸?' '죄를 지어도 잔고가 조금 깎일 뿐인데 어때?'라고 생각합니다. 우리 안에 어느 정도 들어 있는 생각들입니다. 이러한 것들이 우리 안에 있는 위험한 율법주의입니다.

우리는 잔고가 없는 것 같이 살아야 합니다. 주님께 드렸던 과거의 헌신과 봉사는 다 잊어야 합니다. 그것이 오늘의 우리를 구원하지 못하고, 그것이 오늘 우리의 자녀를 구원하지 못하기 때문입니다. 대신 우리는 하루하루 하나님의 은혜가 없으면 살지 못한다는 신앙으로 살아야 합니다. 그런 자세를 예수님은 '심령이 가난한 자'라고 말씀하십니다. 심령이 가난한 사람이 될 때 비로소 천국을 소유할 수 있다(마 5:3)고 말씀하십니다.

여호와의 인자와 긍휼이 무궁하시므로 우리가 진멸되지 아니함이니이다 이것들이 아침마다 새로우니 주의 성실하심이 크시도소이다 내 심령에 이르기를 여호와는 나의 기업이시니 그러므로 내가 그를 바라리라 하도다 애 3:22-24

주님이 은혜 주셔야 오늘 우리가 삽니다. 오늘 우리가 버틸 수 있습니다. 신앙은 바로 오늘, 지금이 중요합니다. 오늘 새롭게 주님을 만나지 못한다면, 오늘 주님의 마음을 품으려는 뜨거운 마음이 없다면, 오늘 주님의 제자로 향기를 발하며 살려는 결단이 없다면 신앙은 아무런 힘이 되지 못합니다. 예수를 믿으면 믿을수록, 교회를 오래 다니면 다닐수록 향기가 아닌 오히려 악취를 풍기는 존재가 되고 말 것입니다. 주님은 그래서 먼저 된 자가 나중 될 것(마 19:30)이라고 경고하십니다. 우리의 신앙은 매일매일 새로워져야 합니다.

오늘, 드리는 기도

주님, 내 안에 나도 모르게 율법주의가 있습니다.
평생 신앙생활 해 왔으니 보상을 받아야 한다는 생각이 있고
평생 헌신을 했으니 이제는 조금 대접받아도 된다는 생각이 있습니다.
내가 교회를 오래 다녔다는 것으로는
내가 직분을 받았다는 것으로는
교회를 바르게 세워나갈 수 없음을 알게 하여 주십시오.
그리스도의 향기를 발할 수 없음을 깨닫게 하여 주십시오.
오직 주님만 의지하는 신앙을 날마다 새롭게 갖게 하여 주십시오.
예수 그리스도의 이름으로 기도드립니다. 아멘.

2부

우리가 될 그리스도인

멘토링
09

무조건 성공하기
주님 말씀이 있는 곳에 내 발이 따라가기

성공이란 복이 되는 것, 복을 나누어 주는 것입니다. 나 때문에 아내가 행복해지고, 남편이 행복해지고, 자녀들이 행복해져야 합니다. 나 때문에 직원과 동료, 거래처 사람이 행복해져야 합니다. 나 때문에 나와 만나는 모든 사람이 행복해져야 합니다. 그 역할을 감당하는 것이 성공입니다. 하나님의 사람들은 모두 무조건 성공하면 좋겠습니다.

feat. 아브라함

　사람들은 모두 성공하고 싶어 합니다. 한 번 인생을 사는데 이왕이면 성공적인 삶을 살고 싶어 합니다. 이런 생각은 모든 사람의 공통적인 바람입니다. 그런데 사람들이 생각하는 성공의 개념은 대체로 똑같습니다. 그것은 세상의 중심으로 들어가든지, 아니면 그 중심에 사는 사람들과 어울리는 것입니다. 즉, 주류가 되고 싶어 하고 세상의 중심이 되고 싶어 합니다.
　이렇듯 사람들은 세상의 중심에 서고 싶어 하지, 변두리에 있고 싶은 사람은 하나도 없을 것입니다. 세상의 중심에 들어가기를 추구하며 살고 그것을 이루면 성공했다고 여깁니다.

09 무조건 성공하기　111

그래서 세상에 영향을 주는 유력한 사람들이 모여 사는 곳에 나도 들어가고 싶어 합니다. 그런 사람들 사이에 나도 끼고 싶어 합니다. 공부를 열심히 하고, 시험을 잘 치르려 하고, 남들과의 경쟁에서 이기려 하는 이유도 생각해 보면 다 여기에 기인한다고 볼 수 있습니다. 세상에 영향력을 미치는 중심에 들어가 살고 싶은 마음 때문입니다.

그러나 하나님은 세상의 중심에 들어가는 것을 성공이라고 말씀하지 않으십니다. 왜냐하면 하나님은 언제든지 세상의 중심을 바꾸실 수 있기 때문입니다. 바벨탑을 쌓았던 시날 평야나 아브라함이 이주했던 소돔과 고모라 땅은 아브라함 당시 세상의 중심지였습니다. 하지만 그곳은 하나님의 진노로 하루아침에 무너지고 사라졌습니다. 하나님이 세상의 중심을 얼마든지 바꾸실 수 있다는 것을 보여 준 사례입니다. 그러기에 하나님께는 세상의 중심이라는 개념이 그렇게 중요하지 않으십니다.

우리가 진정으로 성공적인 삶을 살기 위해서는 물론 세상의 성공도 중요하겠지만 하나님이 생각하시는 성공의 개념을 먼저 알아야 합니다. 이 개념이 왜 중요한가 하면 우리가 아무리 세상의 기준으로 성공했다 한들 하나님이 그 자리를 없애거나 바꾸신다면 그것은 아무런 의미가 없기 때문입니다. 그러기에 하나님이 바라시는 성공의 개념을 먼저 알아야 합니다. 그렇다면 하나님은 무엇을 성공이라 말씀하실까요?

하나님의 말씀을 따라가기

결론부터 이야기하면 하나님은 하나님의 말씀을 따라 사는 것을 성공이라 하십니다. 너무 식상한 말인가요? 하지만 그렇지 않습니다. 여기에는 매우 중요한 개념이 하나 있습니다. 하나님의 말씀을 따라가면 성공한다는 것이 아니라 '말씀을 따라가는 삶' 자체가 성공이라는 것입니다. 이것이 중요합니다.

하나님은 우리 인생에 대한 멋진 계획을 세워놓으셨습니다. 그러기에 우리는 그분의 말씀만 신뢰하며 따라가면 하나님이 계획하신 삶을 살게 됩니다. 그렇게 사는 사람이 있는 자리를 하나님은 세상의 중심으로 만들어 주십니다. 하나님이 말씀하시는 성공의 개념을 아브라함의 삶에 비추어 생각해 보겠습니다.

여호와께서 아브람에게 이르시되 너는 너의 고향과 친척과 아버지의 집을 떠나 내가 네게 보여 줄 땅으로 가라 창 12:1

이에 아브람이 여호와의 말씀을 따라갔고 롯도 그와 함께 갔으며 아브람이 하란을 떠날 때에 칠십오 세였더라 창 12:4

75세라는 나이는 당시로 봐서도 새로운 일을 개척해야 하는 나이가 아니라 한 곳에서 안주해야 하는 나이입니다. 그러나 아브라함은 하나님의 말씀을 따라 길을 떠납니다. 말씀을 따라 사는 데 나이는 관계없음을 보여 줍니다. 성공적인 삶을 살기 위해서는 죽을 때까지 말씀을 따라 살아야 합니다.

저는 목회를 하는 사람입니다. 제가 목회하는 교회는 학교의 강당을 빌려 예배를 드립니다. 우리 교회의 장래를 걱정하는 많은 분들은 교회가 평안하게 오래 지속되기 위해서는 이런저런 문제를 해결해야 한다고 여러 가지 방법을 조언합니다. 입지 조건이 좋은 장소로 이전을 해야 한다고 말하기도 하고, 교통이 좋은 곳으로 옮겨야 한다고 말하기도 합니다. 예배당을 더 확장해야 하고, 주차장도 넓게 확보해야 한다고 합니다. 그리고 그런 일에 관심을 두지 않으면 걱정을 해줍니다.

"그렇게 목회하면 망해요!"
"목사님 은퇴하고 나면 교회 망해요!"

그럴 때마다 저는 이런 생각을 하곤 합니다.

'망하면 망하라지 뭐.'
'은퇴 뒤에 없어지면 없어지라지 뭐!'

왜 제가 이런 배짱이 있는지 아십니까? 그것은 저의 오랜 경험 때문입니다. 저는 돈을 의지하다가 망하는 교회는 수없이 봐 왔지만, 하나님 의지하다가 망하는 교회는 아직 보지 못했기 때문입니다. 하나님의 말씀을 따라가면 절대 망하지 않는다는 것을 알고 있기 때문입니다. 하나님의 말씀을 따라가면 반드시 성공하기 때문입니다.

믿음의 여정, 세대가 이어 가기

하나님의 말씀을 따라서 출발하고, 말씀을 따라 갔다면 이제는 세대가 이어서 그 말씀을 계속 완수해야 합니다. 부모의 때에 끝나는 것이 아니라 자녀가 그 길을 이어가야 합니다. 믿음의 여정은 세대가 이어받는 것입니다. 성공의 개념은 한 세대를 보고 평가해서는 안 될 것입니다. 진정한 성공은 대를 이어 나타나고 드러나야 하기 때문입니다.

한 세대 반짝하고 좋았다가 그 자녀들이 부모 세대에서 일구어 놓은 것을 모두 잃는다면 그처럼 비참한 일은 없을 것입니다. 부모 세대가 노력과 열정으로 일구어 놓은 기업이 2세들의 방만한 경영으로 하루아침에 무너지는 것을 자주 목격합니다. 안타까운 일이 아닐 수 없습니다. 그러기에 부모의 삶이 자녀에게 이어지는 것은 무척 중요합니다.

신앙생활이 특히 그렇습니다. 부모가 하나님의 말씀을 따라 사는데 자녀가 그 신앙을 이어받지 못한다면 그것은 진정한 성공이 아닐 것입니다. 아브라함도 그에게서 끝나지 않고 이삭이 이어받았고, 이삭 때에 끝난 것이 아니라 야곱이 이어받았고, 요셉과 그 자손들이 다 이어받았습니다.

우리 자녀들이 함께 이 영광의 삶을 같이 걸어가야 합니다. 그것이 성공입니다. 함께 가야 성공입니다. 나만 생명을 얻으면 성공이 아닙니다. 하나님이 계획하신 가나안으로의 여정을 아브라함과 이삭과 야곱이 더불어 이루는 모습, 정말 멋진 성공이 아닐 수 없습니다.

타인에게 복을 주는 존재 되기

그러면 만약 성공하고 나서, 다시 말하면 하나님의 말씀을 잘 따르고 또 대를 이어 말씀을 따라 성공적인 삶을 살았다면, 그다음을 생각해 보아야 합니다. 만약 그렇게 성공해서 나만 잘 먹고 잘산다면 그게 무슨 성공일까요?

성경은 매우 중요한 모습을 우리에게 보여 줍니다. 하나님은 아브라함을 믿음의 조상이자 복의 통로로 부르시며 땅의 모든 족속이 아브라함을 통하여 복을 얻게 될 것이라 말씀하십니다. 그리고 이어서 아브라함은 타인에게 복을 주는 존재가 될 것이라고 말씀하십니다. 이 말씀은 "너는 타인에게 복을 주는 존재가 되라!"는 명령형의 말씀이기도 합니다.

> 내가 너로 큰 민족을 이루고 네게 복을 주어 네 이름을 창대하게 하리니 너는 복이 될지라 창 12:2

> 너를 축복하는 자에게는 내가 복을 내리고 너를 저주하는 자에게는 내가 저주하리니 땅의 모든 족속이 너로 말미암아 복을 얻을 것이라 하신지라 창 12:3

타인에게 복을 준다는 것을 조금 쉽게 풀어 준 분을 소개합니다. 미국의 철학자이자 시인인 랄프 왈도 에머슨(Ralph Waldo Emerson, 1803~1882)입니다. 그는 〈이것이 성공이다〉라는 시로 다른 사람에게 복이 된다는 의미를 이렇게 설명합니다.

자주 그리고 많이 웃는 것
현명한 이에게 존경을 받고
아이들에게서 사랑을 받는 것
정직한 비평가의 찬사를 듣고
친구의 배반을 참아내는 것
아름다움을 식별할 줄 알며
다른 사람에게서 최선의 것을 발견하는 것

건강한 아이를 낳든
손바닥만 한 정원을 가꾸든
사회 환경을 개선하든
자기가 태어나기 전보다
세상을 조금이라도
살기 좋은 곳으로 만들어 놓고 떠나는 것
자신이 한때 이곳에 살았음으로 해서

단 한 사람의 인생이라도 행복해지는 것
이것이 진정한 성공이다.

이 시는 단지 목가적이고 낭만적인 시가 아닙니다. 목회자 가정에서 자란 랄프 왈도 에머슨은 하버드대학교 디비니티스쿨(divinity school, 목회자 양성을 위한 과정)을 졸업했으나 목사가 되지 않고 평생을 고민 가운데 살았습니다. 당시 미국 사회는 남북전쟁의 소용돌이와 노예제도 속에서 혼란과 상처가 많던 시대였습니다. 그의 사상에 다 동의하는 것은 아니지만, 그는 이러한 시대에 자신이 무엇을 할 수 있을지를 깊이 고민하며 시와 수필로 적극적으로 반대하며 노예제도 폐지에 앞장서 온 인물입니다.

나 때문에 주변 사람들이 행복해야 성공입니다. 나만 잘 먹고 잘사는 것은 진정한 성공이 아닙니다. 성공이란 나 때문에 가족이 행복해지는 것을 말합니다. 나 때문에 가족 중에 누구라도 힘들어 하지 않아야 합니다. 아니, 더 적극적으로 나 때문에 모든 가족 구성원이 행복해져야 합니다. 아내가 행복해지고, 남편이 행복해지고, 자녀들이 행복해져야 합니다. 나 때문에 직장의 직원과 동료, 거래처 사람이 행복해져야 합니다. 나 때문에 나와 만나는 모든 사람이 행복해져야 합니다.

그리고 나 때문에, 내가 살아가는 이 사회가 조금 더 나아지고 밝아져야 합니다. 그 역할을 감당하는 것이 성공입니다. 복이 되는 것, 복을 나누어 주는 것이 성공입니다. 하나님의 사람들은 모두 무조건 성공하면 좋겠습니다.

오늘, 드리는 기도

주님, 세상이 말하는 성공은
그 목적지가 매혹적이고 화려한 것 같지만
결국 높아지려는 바벨탑을 쌓는 길입니다.
주님, 우리의 눈을 열어 그것을 알게 하시고 보게 하여 주십시오.
세상의 중심으로 내 발이 가는 것이 아니라
주님의 말씀이 있는 곳으로 나의 두 발이 향하게 하여 주십시오.
다른 이들에게 복이 되는 삶을 살게 하여 주십시오.
예수 그리스도의 이름으로 기도드립니다. 아멘.

멘토링
10

건강한 정신 소유하기
깊은 대화의 상대 잃지 않기

하나님께 기도하면 고통이 없어진다는 말이 아닙니다. 하나님이 고통스런 환경과 내 마음의 감정을 없애 주셔서 하루아침에 기쁨으로 변한다는 말도 아닙니다. '접착제'라는 말은 떨어지지 않고 견딜 수 있다는 의미입니다. 즉, 부서짐의 의미를 알게 됐다는 뜻이기도 합니다. 다니엘이 하나님을 붙들고 끊임없이 대화했던 이유가 여기에 있습니다.

feat. 다니엘

우리는 다니엘을 유대인 포로로 바벨론에 잡혀갔으나 빼어난 능력과 뛰어난 믿음으로 바벨론의 총리가 된 인물로 기억합니다. 왕의 음식을 거부했음에도 불구하고 외모가 더욱 윤택해진 이야기와(단 1:15) 사자굴에서 살아난 드라마틱한 사건의 주인공으로 잘 알고 있습니다. 그러나 다니엘을 가장 대표할 만한 것이 무엇인가 생각해 보면 단연 정신건강이 좋았던 사람이라고 말할 수 있습니다. 요즘 말로 하자면 '멘탈 갑'이라는 표현을 할 수 있을 만큼 그는 온갖 혼란 속에서도 흔들리지 않는 정신과 마음을 가진 인물이었습니다.

성경이 말하는 다니엘은 모든 영역에서 재능이 탁월한 사람이 었습니다. 에스겔 선지자는 다니엘을 노아와 욥과 함께 의인으로 언급하였습니다(겔 14:14, 20). 다니엘이 에스겔과 동시대 인물임을 고려한다면 이는 매우 특별한 대우가 아닐 수 없습니다. 예수님은 다니엘을 선지자(마 24:15)라고 표현했고, 히브리서는 사자들의 입을 막은 믿음의 사람(히 11:33)으로 소개합니다.

그러나 사실 다니엘의 삶을 들여다보면 그의 일생은 그렇게 화려하지만은 않은 인물이었습니다. 다니엘은 청소년기에 이미 엄청난 환경의 변화와 위기를 연속적으로 겪은 인물이었습니다. 바벨론이 유다를 점령해 다니엘을 포로로 끌고 갔을 때 그는 16세였고 하루아침에 귀족의 아들에서 포로로 신세가 바뀌었습니다. 그가 섬긴 왕은 느부갓네살, 벨사살, 고레스, 다리오로 네 번 바뀌었습니다. 이렇게 왕조가 바뀌고 바벨론에서 페르시아로 국가가 바뀜에도 60년간 총리를 했던 인물입니다.

한 나라나 왕조의 총리는 다음 정권의 입장에서는 제거의 대상입니다. 그러기에 나라가 바뀌고 왕조가 바뀔 때마다 다니엘을 제거하려는 음모가 도사리는 것은 당연하였습니다. 또한 유대인 포로로 잡혀 왔다가 포로의 신분에서 총리가 된 다니엘이 다른 바벨론이나 페르시아 신하들에게 평생 견제를 당하는 것도 당연하였습니다. 그 괴롭힘은 60년 동안 지속이 되었습니다.

워싱턴 의과대학의 교수인 토마스 홈스(Thomas Holmes)와 리차드 라헤(Richard Rahe)는 미국의 일반인을 대상으로 일상생활에서 겪는 스트레스 정도를 조사해 43개 항목의 순위표인 '홈스와 라헤 스트레스 척도'를 만들었습니다. 1967년에는 '생활 변화 지표도 검사'로 발표했는데 오늘날에는 스트레스 지수라는 이름으로 사용합니다.

이 표는 여러 가지 스트레스를 점수로 매기는데, 그 모든 점수를 합한 것이 현재 상태입니다. 합계가 150미만이면 비교적 건강한 생활을 하고 있다고 보며, 150~200은 스트레스 증후군 초기 단계로 정신적으로는 건강하지만 위험 요소가 있다고 봅니다. 200~300은 주의 단계로 스트레스성 질환을 앓고 있을지도 모르는 상태입니다. 300이상이면 심각한 스트레스 증후군 상태로 육체적인 건강 검진이 필요한 단계입니다. 정신적 스트레스는 언제나 육체적 질환을 가져오기 때문입니다.

어떤 사람이 성경 인물들의 스트레스를 이 '홈스와 라헤 스트레스 척도'에 대입해 본 것 같습니다. 이 스트레스 척도로 성경의 인물들을 관찰하면 스트레스를 많이 받고 산 사람들의 지수가 어느 정도인지 대략 알 수 있는데, 욥이 500정도로 상당히 점수가 높다고 합니다.

그리고 매우 놀랄 만한 결과로 다니엘은 욥보다 높은 700이상으로 나타났다고 합니다. 그 이유는 다니엘의 스트레스가 60년 이상 지속되었기 때문입니다. 과연 다니엘은 오래도록 시련을 겪은 인물이 맞는 것 같습니다. 이런 엄청난 스트레스에도 불구하고 다니엘은 자신이 당한 힘든 환경을 잘 이겨냈는데 그 동력이 무엇일까 궁금해집니다.

기도라는 깊은 대화의 상대를 잃지 않기

다니엘을 제거하고 죽이려는 다른 신하들의 견제와 모함은 다니엘 평생의 기간에 계속 이어집니다. 오랜 세월이 흘러 다니엘이 여든의 나이가 되었습니다만 여전히 자신을 죽이려는 다른 신하들의 계획이 드러납니다. 참 대단한 사람들이 아닐 수 없습니다. 이러한 환경에도 불구하고 다니엘은 하나님께 기도합니다.

다니엘이 이 조서에 왕의 도장이 찍힌 것을 알고도 자기 집에 돌아가서는 윗방에 올라가 예루살렘으로 향한 창문을 열고 전에

하던 대로 하루 세 번씩 무릎을 꿇고 기도하며 그의 하나님께 감사하였더라 단 6:10

다니엘이 얼마나 성실하게 시간을 지켜 기도했는지 모든 신하들이 그의 기도 생활을 다 알고 있을 정도였습니다. '하루 세 번'이라는 것은 다니엘에게 기도가 일상이 되었다는 것을 보여 줍니다. 이 정도면 매사가 기도요, 기도가 일상의 대화라고 봐야 할 것입니다.

그러하온즉 우리 하나님이여 지금 주의 종의 기도와 간구를 들으시고 주를 위하여 주의 얼굴 빛을 주의 황폐한 성소에 비추시옵소서 단 9:17

하나님과 그런 일상의 대화를 하다가도 큰일을 만날 때 다니엘은 작정 기도를 드렸습니다. 국가의 위기가 닥쳤을 때, 전쟁의 위험이 있을 때는 21일간 기도를 하였습니다.

바사 왕 고레스 제삼년에 한 일이 벨드사살이라 이름한 다니엘에게 나타났는데 그 일이 참되니 곧 큰 전쟁에 관한 것이라 다니엘이 그 일을 분명히 알았고 그 환상을 깨달으니라 그 때에 나

다니엘이 세 이레 동안을 슬퍼하며 세 이레가 차기까지 좋은 떡을 먹지 아니하며 고기와 포도주를 입에 대지 아니하며 또 기름을 바르지 아니하니라 단 10:1-3

기도하면 모든 것이 다 바뀔까요? 저의 경험상으로는 늘 그렇지는 않았던 것 같습니다. 유진 오닐(Eugene Gladstone O'Neill, 1888~1953)은 '미국 현대 연극의 아버지'라 불리는 인물입니다. 극작가로는 유일하게 노벨문학상을 수상(1936)한 인물이기도 합니다. 그는 늘 자신을 소개할 때 호텔 방에서 태어난 사람이라 말하곤 했습니다. 아버지가 떠돌이 배우였기에 가족 모두가 제대로 된 집과 가정을 가져 본 적이 없다는 의미입니다. 그도 젊어서 화물선 선원 생활을 했고, 프린스턴 대학을 다니다가 퇴학을 당하기도 합니다. 연극 담당 기자 생활도 하고 연극단에서 연기 생활도 하였습니다.

유진 오닐에게 불우한 날들은 평생에 이어진 것 같습니다. 장남은 권총 자살을 했고 둘째 아들도 마약 중독으로 자살합니다. 딸이 18세 때에 결혼하겠다고 데려온 남자가 있었는데 오닐 자신보다 겨우 한 살 어린 사람으로 이미 세 번 이혼한 54세의 남자였습니다. 그가 그 유명한 찰리 채플린(Charlie Chaplin, 1889~1977)

이고 딸은 우나 오닐(Oona O'Neill, 1925~1991)입니다. 유진 오닐은 자신의 복잡하고 괴로웠던 삶을 돌아보면서 다음과 같은 말을 남깁니다.

인간은 부서진 채 태어나고 수선하며 살아간다. 신의 은총이 그 접착제다.

하나님께 기도하면 고통이 없어진다는 의미가 아닙니다. 하나님이 고통스러운 환경과 내 마음의 감정을 없애 주셔서 하루아침에 기쁨으로 변한다는 말이 아닙니다. '접착제'라는 말은 떨어지지 않고 견딜 수 있다는 의미입니다. 즉, 부서짐의 의미를 알게 됐다는 뜻이기도 합니다.

다니엘이 하나님을 붙들고 끊임없이 대화했던 이유가 여기에 있을 것입니다. 다니엘의 인생이 오래도록 힘들고 괴로웠지만 산산조각 나지 않도록 하나님은 그를 붙들어 주셨습니다.

감사라는 긍정적 감정 잃지 않기

다니엘의 높은 스트레스 지수는 젊었을 때 친구들과 풀무불에 던져진 경험 때문이기도 하겠지만 사자굴에 던져진 경험이 큰 몫을 차지할 것입니다. 사람이 사자굴에 던져진다는 것은 생각만 해도 끔찍한 일이 아닐 수 없습니다. 그런데 그런 위험한 일이 닥칠 것을 알면서도 다니엘은 하나님 앞에 나가 기도했고 그 기도의 내용은 놀랍게도 감사였습니다. 다시 한번 말씀을 살펴 보겠습니다.

> 다니엘이 이 조서에 왕의 도장이 찍힌 것을 알고도 자기 집에 돌아가서는 윗방에 올라가 예루살렘으로 향한 창문을 열고 전에 하던 대로 하루 세 번씩 무릎을 꿇고 기도하며 그의 하나님께 감사하였더라 단 6:10

놀라운 일이 아닐 수 없습니다. 팔십 평생 자신을 죽이고자 했던 음모에 시달려 왔는데, 사자굴에 들어갈 판에 감사가 나올 수 있을까요? 하버드대학교 의과대학 조지 베일런트(George Vaillant) 교수가 책임을 맡아 출간한 인간 성장 보고서는 두 권입니다. 1930년대에 하버드대학에 입학한 학생들을 72년간 연구한 내용들로 첫 책인 『행복의 조건』이 보고서 성격이라고 한다면, 두 번째 책인 『행복의 완성』은 평가서라 할 수 있습니다. 연구의 완결편과도 같은 『행복의 완성』에서 그는 강렬한 한 마디를 합니다. 그것은 "행복은 긍정적 감정에서 비롯된다"라는 것입니다. 긍정적 감정, 그것은 곧 감사입니다. 그래서 『행복의 완성』에서는 매사에 감사하는 사람이 행복한 삶을 산다고 말합니다.

캘리포니아대학교의 심리학 교수인 로버트 이먼스(Robert Emmons)는 일생을 감사에 대해 연구한 사람입니다. 소위 '감사 전문가'라는 별명을 가진 그는 『Thanks! 마음을 여는 감사의 발견』이라는 그의 저서에서 "은혜를 저버리는 행동은 자아를 위축시키는 반면 감사는 자아를 확장한다"라고 강조합니다.

그러면서 "감사는 첫째로 자신의 삶에 좋은 일이 일어났음을 인정하는 것이고, 둘째로는 그 좋은 일의 원인이 부분적으로 외부로부터 온 것임을 인정하는 것이다"라고 말합니다. 매우 중요한 이야기입니다. 나의 나 됨이 내 노력에 의해서만이 아님을 깨달을 때 진정한 감사가 나올 수 있다는 뜻이기 때문입니다.

감사할 이유가 없고 감사할 수 없는 조건에서도 다니엘은 감사한 생활을 하였습니다. 그런데 이상합니다. 감사를 하다 보면 감사의 이유를 볼 수 있는 눈을 갖게 됩니다. 건강한 몸을 유지하기 위해서는 꾸준한 운동을 해야 하는 것처럼 건강한 마음을 소유하기 위해서는 꾸준한 정신 운동이 필요합니다. 그것이 바로 감사에 대한 마음을 갖는 것입니다.

요즘 스트레스가 많으십니까? 생활 환경의 변화로 고통이 많으십니까? 다니엘은 그 모든 어려움을 이겨낼 수 있는 좋은 길을 우리에게 알려 줍니다.

첫째는 깊은 대화의 상대를 잃지 않는 것이고, 둘째로는 긍정적인 마음 곧 감사의 마음을 갖는 것입니다. 다니엘은 기도로 하나님과 깊은 대화를 한 사람이었고 하나님이 인도하시는 모든 상황과 환경에 감사한 사람이었습니다. 내게 좋은 일과 기쁨이 없음을 한탄하지 말고, 이 두 마음이 없는 것을 안타까워해야 합니다. 기도와 감사로 살아갈 때 많은 것이 바뀝니다.

오늘, 드리는 기도

주님, 곤한 내 영혼 편히 쉴 곳이 없습니다.
세상 친구들은 하나둘 나를 멀리합니다.
나의 믿음은 자꾸만 연약해집니다.
이제 내가 할 수 있는 일은 그리 많지 않습니다.
주님, 그럴수록 주님을 의지합니다.
주님이 우리를 붙들어 주십시오.
그래서 어느 곳을 가든지 어떤 상황에 있든지
내 삶이 다시 요동치지 않게 하여 주십시오.
예수 그리스도의 이름으로 기도드립니다. 아멘.

멘토링
11

내가 한 말 책임지기
작은 말도 책임지며 살아가기

다윗은 철저하리만치 말에 대한 책임을 졌습니다. 다윗은 하나님을 두려워했고 하나님과의 약속을 철저하게 지켰습니다. 하나님의 살아계심을 알았기 때문에 가능한 일입니다. 그는 하나님이 살아계신 것과 하나님이 항상 보고 계신다는 것을 알았습니다. 그래서 말 한마디를 지키기 위해 최선의 노력을 다했습니다.

feat. 다윗

　숭실대학교에서 북한학을 연구하는 김의혁 교수님의 강의를 들은 적이 있습니다. 김 교수님은 하나원에서 오래도록 사역하신 목사님입니다. 강의 중 인상적인 내용은 탈북민과 대화할 때 그들의 정서와 특성을 잘 알고 해야 한다는 것이었습니다.
　탈북민들은 말을 그대로 믿기 때문에 우리 식 표현을 조심해야 한다고 합니다. 우리는 "밥 한번 먹자!"라는 말을 인사로 사용하는 경향이 많은데, 탈북민들은 그런 말을 들으면 실제로 밥 먹기를 기다린다고 합니다. "한번 놀러 오세요!"라고 인사하면 정말 가려고 한다는 것입니다.

상대적으로 우리가 얼마나 말에 대한 책임을 지지 않고 사는가 생각하게 만드는 부분입니다.

말에 대한 책임을 진 사람, 다윗

다윗의 삶 면면을 자세히 들여다보면 다윗은 생각보다 많은 장점을 지닌 인물임을 알 수 있습니다. 다윗이라는 인물만 공부하기에도 참 긴 시간이 필요합니다. 그는 믿음도 좋고 용기도 지닌 인물입니다.

그런 다윗에게 두드러진 모습 중 하나는 그가 철저하리만치 말에 대한 책임을 졌다는 것입니다. 어떠한 약속이든지 철저히 지키려 했다는 것, 그것이 다윗의 사람 됨을 잘 보여 주는 부분이라 생각합니다.

다윗은 평생 예배자로 산 사람입니다. 좀 더 강하게 표현하면 예배에 목숨을 걸듯이 살았던 사람이라고 말할 수 있습니다. 시편 중 다윗이 썼다고 전해지는 시들을 읽어 보면 다윗이 얼마나 예배를 사모했는지 알 수 있습니다.

다윗이 그렇게 예배를 사모했던 이유는 바로 하나님과의 약속 때문이었습니다. 다윗이 가드 지역에서 블레셋 사람들에게 잡혔을 때 쓴 시편을 보면 하나님께 서원을 합니다. 그것은 어떤 상황에서도 하나님께 예배하기를 원한다는 약속이었습니다.

> 하나님이여 내가 주께 서원함이 있사온즉 내가 감사제를 주께 드리리니 주께서 내 생명을 사망에서 건지셨음이라 주께서 나로 하나님 앞, 생명의 빛에 다니게 하시려고 실족하지 아니하게 하지 아니하셨나이까 시 56:12-13

이 고백은 단지 자신이 처한 위험한 상황에서 살려달라는 의미의 서원이 아닙니다. 우리는 위급할 때 하나님께 여러 가지 약속을 합니다. 이번에 살려 주시면 평생 무엇을 하겠노라고 서원을 할 때가 많습니다. 그러고는 그 위기의 순간이 지나가면 언제 그랬냐는 듯이 다 잊곤 합니다. 그러나 다윗은 그러지 않았습니다. 사울을 피하여 굴에 있던 때에도 다윗은 하나님께 대한 자신의 마음을 고백합니다.

> 하나님이여 내 마음이 확정되었고 내 마음이 확정되었사오니 내가 노래하고 내가 찬송하리이다 내 영광아 깰지어다 비파야, 수금아, 깰지어다 내가 새벽을 깨우리로다 주여 내가 만민 중에서 주께 감사하오며 뭇 나라 중에서 주를 찬송하리이다 시 57:7-9

다윗은 하나님께 드리는 예배뿐 아니라 자신의 행실도 하나님과 약속한 대로 살았던 인물입니다. 다윗이 밧세바와 동침한 엄청난 죄를 범한 후에 선지자 나단이 찾아왔을 때 그는 자신의 영을 새롭게 하겠다고 다짐합니다. 그리고 그것을 도와달라고 하나님께 간구합니다.

> 하나님이여 내 속에 정한 마음을 창조하시고 내 안에 정직한 영을 새롭게 하소서 시 51:10

이제 다윗은 하나님 앞에서 정결하게 살겠다고 약속합니다. 중요한 점은 그가 이 약속을 지키며 살았다는 것입니다. 다윗은 자기 죄를 폭로한 나단 선지자도 죽일 수 있는 권세를 지닌 사람이었고 무엇이든지 할 수 있는 사람이었습니다. 그러나 다윗은 하나님을 두려워했고 하나님과의 약속을 철저하게 지켰습니다. 다윗이 하나님의 살아계심을 알았기 때문에 가능한 일입니다. 그는 하나님이 살아계신 것과 항상 자신을 보신다는 것을 알았습니다. 그래서 말 한마디를 지키기 위해 최선의 노력을 다했습니다.

사람들과의 약속 지키기

다윗이 왕이 되어 국가를 안정시키고 난 뒤 20년이 지난 어느 날, 다윗은 사울왕의 핏줄이 살아있다는 소식을 듣게 됩니다. 로드발('목초지가 없다'는 뜻)이라는 황량한 곳에 사울의 손주이자 요나단의 아들인 므비보셋이 생존해 있다는 소식이었습니다.

요나단이 블레셋과의 전쟁에서 아버지 사울왕과 함께 죽었을 때, 므비보셋은 겨우 다섯 살 어린아이였습니다. 당시 전쟁은 적국의 왕을 죽여야 승리하는 것이었기에, 승리한 쪽은 상대의 왕뿐 아니라 그 자손과 친척까지 모조리 다 죽였습니다. 블레셋과의 전쟁에서 사울왕과 그 아들 요나단이 죽을 때 므비보셋도 죽을 수밖에 없는 처지였습니다.

그러던 중 어린 므비보셋을 키우던 유모가 그를 데리고 급히 도망가다가 떨어뜨려 그만 다리를 다치게 되었습니다. 그 후 므비보셋은 장애를 안고 20년 동안 황폐한 곳에서 숨어 살았던 것입니다.

사울왕의 종 시바로부터 이 소식을 들은 다윗은 사람을 급히 보내 므비보셋을 자기 앞으로 데려오라고 명합니다. 그에게 은총을 베풀기 위함이었습니다. 그런데 므비보셋의 반응은 달랐습니다. 다윗이 자신을 찾아냈으니 아마도 이제는 죽게 되었다고 생각한 것 같습니다.

사울의 손자 요나단의 아들 므비보셋이 다윗에게 나아와 그 앞에 엎드려 절하매 다윗이 이르되 므비보셋이여 하니 그가 이르기를 보소서 당신의 종이니이다 다윗이 그에게 이르되 무서워하지 말라 내가 반드시 네 아버지 요나단으로 말미암아 네게 은총을 베풀리라 내가 네 할아버지 사울의 모든 밭을 다 네게 도로 주겠고 또 너는 항상 내 상에서 떡을 먹을지니라 하니 그가 절하여 이르되 이 종이 무엇이기에 왕께서 죽은 개 같은 나를 돌아보시나이까 하니라 삼하 9:6-8

다윗은 두려워 떨고 있는 므비보셋에게 크나큰 은총을 베풉니다. 할아버지 사울왕의 땅과 재산을 다 그에게 주고 왕궁에서 함께 식사하게 하였습니다. 즉, 므비보셋을 아들같이 여겨 늘 곁에 두고자 한 것입니다.

당시의 정서와 문화를 따르지 않고 선대 왕의 자손을 오히려 사랑으로 보호해 주고 챙겨 주는 행위는 매우 이례적인 모습이고 이해가 가지 않는 위험한 일이기도 합니다.
사울을 따르는 숨어 있는 무리들이 므비보셋의 생존 소식을 알면 그를 중심으로 다시 뭉칠 수 있기 때문입니다. 그럼에도 불구하고 다윗이 므비보셋의 생명을 보존해 줄 뿐 아니라 은총을 베

풀어 준 이유는 바로 그의 아버지인 요나단과 한 약속 때문이었습니다. 사무엘상 20장에는 다윗과 요나단의 깊은 우정이 드러나는 장면이 등장합니다. 사울왕이 다윗을 죽이려 혈안이 되어 있을 때, 요나단이 그 정보를 다윗에게 알려 주면서 다윗의 목숨을 구해 준 후 다윗과 약속하는 장면이 나옵니다.

그 약속을 하고 난 후 이제 20년이 훌쩍 넘었습니다. 세월이 많이 흘러 다윗은 왕이 됐고 요나단은 이미 죽은 지 오래입니다. 죽은 사람과의 약속은 지켜도 그만, 안 지켜도 그만이라고 할 수도 있을 것입니다. 다윗은 이제 목숨을 구걸하는 위치가 아닌 한 나라의 왕이 되었습니다. 그런데 다윗은 이러한 상황 가운데서도 요나단과의 약속을 생각했습니다. 서로의 자손까지도 끝까지 지켜 주자는 약속을 기억하고 지킨 것입니다.

그러고 보니 목사인 저도 반성하는 부분이 있습니다. 목사로서 책임 없는 말을 너무 많이 해왔기 때문입니다. 목사가 교인들에게 제일 많이 하는 말은 아마도 "기도하겠습니다"라는 말일 것입니다. 모든 대화의 마무리 멘트(?)라고 해도 과언이 아닐 정도로 목회자들이 많이 쓰는 표현입니다. 그러나 기도해 드리겠다는 말을 하면, 반드시 기도해 드려야 합니다. 그것이 말에 대한 책임을 지는 것이고 약속을 지키는 일이기 때문입니다.

언제부터인가 저는 "기도해 드리겠습니다"라는 말에 대한 무서운 책임감을 느끼게 되었습니다. 그래서 나름 그 말을 지키려고 애씁니다. 그것은 책임을 지지 못하는 것이 미안해 가능하면 안 하려는 것이 아니라, 그 말을 하면 잊어버리기 전에 잠시라도 기도하는 것입니다. 전화 통화를 하다가 "기도하겠습니다"라고 끝인사를 하면 전화를 끊고 나서 잠시 기도합니다. 면전에서 그런 인사를 했다면 헤어지며 돌아서서 바로 기도하는 방식입니다. 제 말에 대해 책임지려는 저의 노력입니다.

C.S.루이스(C. S. Lewis, 1898~1963)는 그의 저서 『순전한 기독교』에서 다음과 같이 말합니다. "기독교가 진리라면 왜 모든 그리스도인이 모든 비그리스도인보다 더 호감을 주지 못하는 것인가? 자신이 그리스도인으로 살아간다는 사람은 자기 신앙이 좀 나아졌다는 생각이 들 때마다 이 질문을 스스로 던져보아야 합니다. 실제 행동에 진보가 없다면 종교에 아무리 좋은 감정과 새로운 통찰과 더 큰 흥미가 생겼다 해도 아무 의미가 없습니다."

하나님과의 약속을 지키는 것과 사람과의 약속을 지키는 것, 그것이 곧 향기입니다.

오늘, 드리는 기도

주님, 말에 대한 책임을
너무나도 가볍게 여기는 시대에 살고 있습니다.
우리가 약속을 지키지 못하고 산다면
향기 나는 삶은 절대 살지 못할 것입니다.
주님, 내가 입으로 한 생활 속 작은 말 하나라도
기억하고 책임지며 살아가게 하여 주십시오.
예수 그리스도의 이름으로 기도드립니다. 아멘.

멘토링
12

내 옷부터 먼저 찢기
내가 더 손해 보기, 말씀으로 내 옷을 먼저 찢기

말씀을 깨닫고 자기 옷을 먼저 찢으면, 그런 사람들만 손해 보는 것 아닐까요? 예, 그렇습니다. 분명 손해를 봅니다. 자기 옷을 찢는 사람이 다 뒤집어쓰는 것 아닐까요? 예, 그렇습니다. 그들이 다 뒤집어쓰고 손해를 봅니다. 그런데 성경은 말합니다. 그럴 때 문제가 해결된다고 합니다. 그것이 주님의 방법이기 때문입니다.

feat. 요시야

　우리는 교회에서 설교를 듣는 순간에도 이 설교를 들으면 좋을 듯한 다른 사람을 생각할 때가 많습니다. 분명 나에게 주시는 말씀인데 우리는 다른 이를 먼저 생각합니다. 다른 사람이 그 설교를 듣고 변화되면 좋겠다는 생각을 하면서 말입니다. '오늘 예배 끝나고 이 말씀을 유튜브로 보내 줘야겠어.' 그런데 재미있는 점은 그 사람도 똑같이 생각한다는 것입니다.

　사람들 사이에 생기는 갈등의 문제는 대부분 쌍방과실이라 해도 과언이 아닙니다. 모든 문제에는 쌍방의 잘못이 있습니다. 객관적으로 50:50이나 30:70, 10:90의 과실일 수 있습니다.

그런데 10:90이라고 해도 '90'을 잘못한 사람이 상대방의 '10'을 더 크게 여기곤 합니다. 서로 상대에게 더 큰 잘못이 있다고 생각하는 것이 우리의 모습입니다.

나의 옷을 찢는다는 것

요시야는 이스라엘 남 유다의 16대 왕으로 8살에 왕이 된 인물입니다. 왕이 된 처음 시기에는 어머니 여디다의 섭정이 있었습니다. 그때가 B.C. 640년 경이었습니다. 요시야는 31년간 유다를 다스리다가 애굽 왕과 므깃도에서 전투하던 중 39세 젊은 나이에 사망합니다. 8세에 왕이 된 것을 감안했을 때 아마도 그가 일찍 죽지 않았다면 이스라엘에서 가장 길게 통치한 왕이 될 수도 있었을 것입니다.

그렇게 짧은 인생에도 불구하고 요시야는 이스라엘에서 가장 훌륭한 왕 중의 한 사람으로 평가받습니다. 성경은 그를 왕으로서는 전무후무한 존재라고 평가합니다.

> 요시야와 같이 마음을 다하며 뜻을 다하며 힘을 다하여 모세의 모든 율법을 따라 여호와께로 돌이킨 왕은 요시야 전에도 없었고 후에도 그와 같은 자가 없었더라 왕하 23:25

무엇이 그렇게 요시야를 전무후무한 왕으로 평가받게 했을까요? 그것은 요시야가 이스라엘 역사에서 매우 중요한 두 가지를 재위 기간에 이루었기 때문입니다. 요시야의 위대한 업적을 보면 첫째는 이스라엘에서 섬기던 모든 우상을 없앴고, 두 번째는 이스라엘 사람들에게 유월절(절기 명절)을 다시 회복시켰습니다.

> 요시야가 또 유다 땅과 예루살렘에 보이는 신접한 자와 점쟁이와 드라빔과 우상과 모든 가증한 것을 다 제거하였으니 이는 대제사장 힐기야가 여호와의 성전에서 발견한 책에 기록된 율법의 말씀을 이루려 함이라 왕하 23:24

> 왕이 뭇 백성에게 명령하여 이르되 이 언약책에 기록된 대로 너희의 하나님 여호와를 위하여 유월절을 지키라 하매 사사가 이스라엘을 다스리던 시대부터 이스라엘 여러 왕의 시대와 유다 여러 왕의 시대에 이렇게 유월절을 지킨 일이 없었더니 요시야 왕 열여덟째 해에 예루살렘에서 여호와 앞에 이 유월절을 지켰더라 왕하 23:21-23

이스라엘 백성에게 유월절 명절을 지킨다는 것은 구원의 은혜를 기념하여 하나님께 제사하는 것을 의미합니다. 곧 이스라엘 백성에게는 참된 제사의 회복을 말하는 것입니다. 요시야는 이 두 가지를 회복시켰고 이를 일컬어 요시야의 종교개혁이라 이름 합니다.

그런데 이 종교개혁이 가능할 수 있었던 것은 요시야왕이 옷을 찢는 데서부터 시작됩니다. 첫걸음은 성전을 청소하다가 율법책을 발견하면서부터입니다. 그 율법책은 오늘날 우리가 읽는 신명기입니다. 당시 서기관 사반이 그 신명기를 읽자 요시야왕은 자신의 옷을 찢었습니다.

> 또 서기관 사반이 왕에게 말하여 이르되 제사장 힐기야가 내게 책을 주더이다 하고 사반이 왕의 앞에서 읽으매 왕이 율법책의 말을 듣자 곧 그의 옷을 찢으니라 왕하 22:10-11

이스라엘 사람들에게 옷을 찢는다는 것은 죄를 회개한다는 의미입니다. 자기 잘못을 발견했다는 말입니다. 요시야가 옷을 찢은 것이 뭐 그리 대단한 행위인가 반문할 수 있겠지만 이것은 매우 중요합니다. 왜냐하면 우리는 문제 해결을 위해 대부분 남의 옷을 먼저 찢으려고 하기 때문입니다. 문제가 생기면 그 문제를 해결하기 위해 남의 잘못을 지적하고 고치려 합니다.

그러나 그것은 하나님의 방법이 아닙니다. 문제의 해결은 언제나 나의 옷을 찢을 때 일어납니다. 나의 옷을 찢는데 왜 문제가 해결될까요? 문제의 해결과 나의 옷은 무슨 관계가 있는 것일까요? 옷을 찢는다는 것은 다음과 같은 경우에 나타나는 현상이기 때문입니다.

나에게 하나님의 말씀이 살아있을 때

앞서 살핀 열왕기하 22장 11절을 보면, 요시야왕이 율법책의 말씀을 듣자 곧 그의 옷을 찢었다고 했습니다. 진정 하나님의 말씀이 들리면 사람은 자기 모습을 보게 됩니다.

남의 허물이 먼저 보인다는 것은 자기 마음속에 하나님의 말씀이 없다는 것과도 같은 말입니다. 즉, 남의 옷을 찢으려 하는 자들은 "내 안에는 하나님의 말씀이 없습니다"라고 드러내는 사람입니다.

그러면 말씀을 깨닫고 자기 옷을 먼저 찢으면, 그런 사람들만 손해 보는 것 아닐까요? 예, 그렇습니다. 분명 손해를 봅니다.

결국은 자기 옷을 찢는 사람이 다 뒤집어쓰는 것 아닐까요? 예, 그렇습니다. 그들이 다 뒤집어쓰고 손해를 봅니다. 그런데 성경은 그럴 때 문제가 해결된다고 합니다. 그것이 주님의 방법이기 때문입니다. 말씀으로 내 옷을 찢어야 해결됩니다. 이것이 원리입니다. 그 길을 성경은 십자가의 길이라 말합니다. 그 길을 갈 때, 거기서부터 문제가 해결됩니다.

내가 옷을 찢고 내가 다 뒤집어쓴다고 어떻게 문제가 해결될까요? 시시비비를 따지고 정확한 책임을 물어야 문제가 해결되는 것 아닐까요? 그러나 그것은 사람의 생각일 뿐입니다. 하나님은 하나님이 해결하실 것이니 맡기라고 하십니다. 내 옷을 찢는 행위가 중요한 것은 그것이 하나님께 맡기는 행위이기 때문입니다. 그래서 바울은 이 부분을 이렇게 설명합니다.

할 수 있거든 너희로서는 모든 사람과 더불어 화목하라 내 사랑하는 자들아 너희가 친히 원수를 갚지 말고 하나님의 진노하심에 맡기라 기록되었으되 원수 갚는 것이 내게 있으니 내가 갚으리라고 주께서 말씀하시니라 롬 12:18-19

이 삶의 원리 그대로 살았던 인물이 바로 다윗입니다. 다윗이 기록한 시편을 보면 하나님께 원수를 갚아달라는 말이 자주 나옵니다. 다윗은 이 원리를 알았던 사람이었기 때문입니다. 이것을 모르면 죽을 때까지 갈등 가운데 남을 괴롭히고 나도 괴로운 삶을 살게 됩니다.

성전을 깨끗하게 하려 할 때

그렇다면 우리는 언제 우리의 옷을 찢을 수 있을까요? 요시야 왕은 성전을 청소하려다가 율법책을 발견합니다. 이것은 상징적인 의미를 이야기해 줍니다. 성경은 우리의 몸이 곧 성전이라고 합니다. 성전을 깨끗하게 하려 할 때 비로소 하나님의 말씀이 발견됩니다. 이 원리는 우리의 몸에도 적용되는 말씀입니다. 마태복음 13장에 보면 네 가지 땅에 뿌려진 씨의 비유가 나옵니다. 길가에 뿌려진 씨, 돌밭에 뿌려진 씨, 가시떨기 밭에 뿌려진 씨, 좋은 땅에 뿌려진 씨입니다. 좋은 마음이 있을 때 하나님의 말씀이 뿌리를 내리게 됩니다.

1907년 평양 대부흥 운동은 우리에게 많은 교훈을 줍니다. 그해 1월 2일에서 15일까지 평양 장대현교회에서는 사경회가 열렸습니다. 그때 길선주 장로는 자신의 죄를 온 회중 앞에서 회개합니다. 그는 1년 전에 죽은 친구의 재산을 정리하다가 친구의 돈을 착복했다고 고백합니다. 당시의 거금인 미화 100달러를 가져간 잘못을 고백하자 너도나도 자신의 죄를 고백하며 기도를 이어갔습니다. 1,000여 명이 모여 집회했는데, 600명이 남아 밤새 회개 기도를 했다고 합니다. 그 현장에 함께했던 선교사 조지 새넌 맥큔(George Shannon McCune, 한국명 윤산온, 1872~1941)은 미 북장

로교로 보내는 보고서에서 당시 상황을 이렇게 표현합니다.

"우리는 매우 놀라운 은혜를 경험하고 있습니다. 성령께서 권능 가운데 임하셨습니다. 장대현교회에서 모인 지난밤 집회는 성령의 권능과 임재 그 자체였습니다. 우리 중 아무도 지금까지 이전에 그와 같은 것을 경험하지 못했으며 웨일즈와 인도에서 일어난 부흥 운동도 이번 장대현교회에서 일어난 성령의 역사를 능가하지는 못할 것입니다."

괴로운 문제가 있습니까? 혹 하나님과의 관계가 불편합니까? 가족과의 갈등으로 힘이 듭니까? 혹 인간관계가 깨져 힘이 듭니까? 세상은 남의 옷을 찢으려 합니다. 그러나 요시야의 방법이 우리의 문제도 해결해 주면 좋겠습니다.

조금은 힘들겠지만 문제 해결 방법은 이것밖에는 없습니다. 과정은 힘들지만 결과는 매우 좋을 것입니다. 요시야로부터 나오는 향기입니다. 내 옷을 먼저 찢을 때 향기는 배가 됩니다.

오늘, 드리는 기도

주님, 남의 옷이 아닌 내 옷을 먼저 찢게 하여 주십시오.
내 안에 하나님의 말씀이 살아있게 하여 주십시오.
나 행한 것 죄뿐이니 주 예수님께 비옵기는
나의 몸과 나의 맘을 깨끗하게 하옵소서.
이 찬송의 가사가 나의 기도가 되게 하여 주십시오.
예수 그리스도의 이름으로 기도드립니다. 아멘.

멘토링
13

함께 울어 주기
우는 자들과 함께 울기

우리는 함께 울어 주는 '눈물 훈련'을 해야 합니다. 주변의 수많은 사고와 사건으로 오늘도 마음 아파 우는 자들을 위해 함께 울 수 있어야 합니다. 그들이 울고 있기 때문입니다. 그보다 더 큰 이유는 없습니다. 그리스도인은 눈물의 사람이 되어야 합니다. 우리가 눈물을 흘릴 때 하나님이 살피시기 때문입니다.

feat. 예레미야

한국인은 정서적으로 눈물이 많습니다. 그래서 그런지 교인들도 눈물이 많은 편입니다. 설교에 대한 정서적 반응 또한 나라마다 서로 다른 것 같습니다.

미국교회는 대체로 감동을 받으면 좋은 설교라고 말합니다. 일본교회는 논리적으로 이해가 되면 좋은 설교라 합니다. 그래서 아무리 설교가 딱딱해도 잘 졸지 않습니다. 논리적인 설교는 끝까지 귀 기울이고 이해하는 편입니다.

반면 한국교회는 교인들을 많이 울리면 좋은 설교라고 평가합니다. 많이 울어야 좋은 신앙이라고도 여깁니다. 찬양 중에도 울고 기도하면서도 많이 웁니다. 매 예배 때마다 울어야 그날의 예배를 잘 드렸다고 생각하는 교인들도 있습니다. 그래서 한국교회는 참된 예배자와 치유 중독자를 구분하지 못하는 경우도 많습니다. 그러나 그렇게 울어도 우리가 향기 나는 그리스도인이 되지 못하는 것은 바로 우리의 눈물이 대부분 나를 향한 것이기 때문입니다.

우리가 눈물을 흘릴 때

예레미야는 별명을 하나 갖고 있습니다. 그것은 '눈물의 선지자'입니다. 아마 평생 눈물을 많이 흘려서 붙여진 별명 같습니다. 예레미야 선지자가 활동했던 시기는 이사야보다 100년 정도 이후입니다. 예레미야는 다윗왕 때 활동했던 제사장 아비아달의 혈통입니다.

아비아달은 다윗에게 충성을 다했지만, 다윗이 죽고 난 후에 아들 아도니아를 차기 왕으로 밀었던 인물입니다. 그러나 아도니아는 왕이 되지 못하고 솔로몬이 왕위에 오르게 됩니다.

이후 아비아달은 아도니아를 추종했다는 이유로 아나돗으로 유배를 가게 되었고 그의 자손들은 그때부터 그곳에서 생활하게 되었습니다. 그렇게 400년이 흐르고 그곳에서 예레미야가 태어납니다.

예레미야가 그의 별명대로 평생 눈물을 흘린 이유는 이스라엘 백성 때문이었습니다. 당시 이스라엘 사람들은 하나님을 떠나 우상에 열광하며 멸망의 길로 치닫고 있었습니다. 예레미야서는 그 상황을 잘 말해 줍니다.

> 어찌하면 내 머리는 물이 되고 내 눈은 눈물 근원이 될꼬 죽임을 당한 딸 내 백성을 위하여 주야로 울리로다 렘 9:1

당시는 바벨론이 세계를 지배하던 시대였습니다. 모든 선지자가 다 고난을 받았지만 예레미야는 유난히 고난을 많이 받은 선지자였습니다. 그 이유는 예레미야가 바벨론을 꾸짖기보다는 예루살렘 성전의 타락을 지적했고, 그 성전의 제사장을 꾸짖고, 우상을 숭배하는 백성을 모두 꾸짖었기 때문이었습니다.

이렇게 다수를 비난하면, 비난받는 사람들은 같은 패가 됩니다. 그래서 예레미야 선지자는 다른 선지자들로부터 미움을 한몸에 받았고, 백성들로부터는 혐오의 대상이 되고 말았습니다. 이스라엘에서 예레미야 선지자를 지켜 주는 사람은 아무도 없었습니다.

지금도 마찬가지입니다. 교활한 사람들은 언제나 편 가르기를 합니다. 악한 사람들은 악한 사람들끼리 편이 되어 그 세를 불리고 자기들이 선한 사람의 역할을 하려 합니다. 세상은 정직하면 할수록 정직하지 못한 사람들로부터 외면받아 외톨이가 되기 일쑤입니다. 정직하지 못한 사람들은 자기들끼리 한편이 되는데 대부분이 다 그 패에 들기 때문입니다.

당시 예레미야의 상황이 바로 그러했습니다. 예레미야 선지자는 이스라엘 사람들의 죄악을 가감 없이 지적했고 죄를 돌이키라고 외쳤던 것입니다.

내 백성이 두 가지 악을 행하였나니 곧 그들이 생수의 근원되는 나를 버린 것과 스스로 웅덩이를 판 것인데 그것은 그 물을 가두지 못할 터진 웅덩이들이니라 렘 2:13

예레미야가 어떤 지적을 했고, 어떤 예언을 했으며, 어떤 어려움을 겪었는지 그의 활약상과 고난을 말하려는 것이 아닙니다. 저의 관심은 예레미야가 말하는 그 눈물과 하나님과의 상관성입니다. 이 상관성에 대해 매우 중요한 것을 말해 주는 말씀이 있습니다. 예레미야는 이것을 삶의 원리로 삼았습니다.

> 내 눈에 흐르는 눈물이 그치지 아니하고 쉬지 아니함이여 여호와께서 하늘에서 살피시고 돌아보실 때까지니라 애 3:49-50

하나님이 하늘에서 살피실 때까지 눈물을 쉬지 않고 흘리겠다는 표현, 이는 바꾸어 말하면 눈물을 흘릴 때 하나님이 살피신다는 것을 말해 줍니다. 즉, 하나님이 움직이시는 시점은 바로 인간이 눈물을 흘릴 때라는 것입니다. 사람이 눈물을 흘릴 때, 하나님이 살피시고 들어주신다는 그 원리를 보여 주는 말씀입니다.

고 이어령 교수는 병상에서 쓴 메모를 모아 출간한 책 『눈물 한 방울』에서 인생의 제일 마지막에 관심을 둔 단어가 바로 '눈물'이었다고 말합니다.

이어령 교수는 "인류는 이미 피의 논리와 땀의 논리를 가지고는 생존할 수 없는 시대를 맞이했다. 나와 남을 위해 흘리는 눈물은 지상에서 가장 아름답고 힘 있는 것이라는 사실을 우리는 모두 알고 있다. 인간을 이해한다는 건 인간이 흘리는 눈물을 이해한다는 것이다"라고 썼습니다.

그렇습니다. 눈물만이 모든 문제를 회복시킬 수 있습니다. 이 원리에 의해 우리가 익히 알고 좋아하던 말씀을 바르게 해석할 수 있습니다. 그것은 "눈물을 흘리며 씨를 뿌리는 자는 기쁨으로 거두리로다"라는 시편 126편의 말씀입니다.

우리는 이 말씀을 그저 열심히 노력해서 살면 결실을 얻는다고 해석해 왔습니다. 그러나 말씀을 자세히 보면 단순히 열심히 살라는 것이 아닙니다. 성경은 눈물의 원리를 말해 줍니다. 포로로 잡혀간 이스라엘 백성들이 다시 고향으로 돌아갈 방법은 피의 논리도 아니고 땀의 논리도 아닌, 눈물의 논리로만 가능하다는 말씀입니다.

여호와여 우리의 포로를 남방 시내들 같이 돌려보내소서 눈물을 흘리며 씨를 뿌리는 자는 기쁨으로 거두리로다 울며 씨를 뿌리러 나가는 자는 반드시 기쁨으로 그 곡식 단을 가지고 돌아오리로다 시 126:4-6

성전을 위해 울라

그러면 우리는 무엇을 위해 눈물을 흘려야 할까요? 예레미야 선지자가 흘린 눈물의 대부분은 성전을 향한 눈물이었습니다.

너희는 이것이 여호와의 성전이라, 여호와의 성전이라, 여호와의 성전이라 하는 거짓말을 믿지 말라 너희가 만일 길과 행위를 참으로 바르게 하여 이웃들 사이에 정의를 행하며 이방인과 고아와 과부를 압제하지 아니하며 무죄한 자의 피를 이곳에서 흘리지 아니하며 다른 신들 뒤를 따라 화를 자초하지 아니하면 내가 너희를 이곳에 살게 하리니 곧 너희 조상에게 영원무궁토록 준 땅에니라 렘 7:4-7

예레미야가 말하는 성전의 정신이 오늘의 교회로 이어진다고 한다면 우리는 교회를 위해 울어야 합니다. 하나님의 정의가 행해지지 않고 하나님의 뜻이 드러나지 않는 교회를 보고 울어야 합니다.

첫째는, 돈의 논리로 운영되는 교회를 보고 울어야 합니다. 돈만 의지하는 교인들에게 평안을 외치고 복을 외치는 그런 교회를 보고 울어야 합니다. 두 번째로는, 세상 권력에 붙어 아첨하는 교회를 보고 울어야 합니다. 높은 자리, 힘, 명예를 얻기 위해 애쓰는 교회를 보고 울어야 합니다. 세 번째로는, 이방인과 고아와 과부와 같은 연약한 자들의 친구가 되지 못하는 교회를 보고 울어야 합니다. 개인의 신앙생활만 화려하고 깨끗하게 유지하려는 신앙을 보고 울어야 합니다.

한국교회는 그동안 하나님과의 개인적인 관계만 중요하게 강조해 왔습니다. 하나님 앞에서의 내 모습만 생각하게 만들었습니다. 그래서 내가 피해를 주고 상처를 입힌 사람조차 생각하지 않는 이상한 신앙을 가지고 있습니다. 하나님과의 관계만 중요하게 생각하게 하고 그것을 영성이라고 가르쳐 왔습니다.

예레미야 선지자가 오늘의 교회를 본다면 또다시 눈물을 흘릴 것입니다. 돈을 의지하고 세상의 힘을 의지하고 개인의 신앙만 추구하는 교회가 너무 많기 때문입니다. 예레미야가 선포한 하나님의 말씀에 비추면 그것은 더 이상 하나님의 성전도 아니고 하나님의 교회도 아닙니다. 그래서 우리는 하나님의 성전인 교회의 회복을 위해 울어야 합니다. 우리가 울지 않으면 하나님이 살피지 않으시기 때문입니다.

우는 자들과 함께 울라

하나님은 우리의 눈물이 다른 사람을 위한 눈물이어야 한다고 말씀하십니다.

즐거워하는 자들과 함께 즐거워하고 우는 자들과 함께 울라 서로 마음을 같이하며 높은 데 마음을 두지 말고 도리어 낮은 데 처하며 스스로 지혜 있는 체하지 말라 롬 12:15-16

우리 주변에는 눈물을 흘리는 자들이 많습니다. 우리는 그들을 위해 함께 울어 주는 '눈물 훈련'을 해야 합니다. 주변의 수많은 사고와 사건 가운데 오늘도 마음 아파 우는 자들을 위해 함께 울 수 있어야 합니다.

왜 울어 주어야 하냐면 그들이 울고 있기 때문입니다. 그보다 더 큰 이유는 없습니다. 그러니 우는 자들과 함께 우는 행동을 정치적으로 해석하면 안 됩니다. 그러한 해석은 그 자체가 교회가 병들었다는 증거고 그런 교회를 위해 울어야 합니다.

우리가 다른 이들을 위해 눈물을 흘리지 못하는 이유는 그만큼 우리가 정치적이 되었고, 신앙을 세상의 논리로 생각하고 있기 때문입니다. 우리의 영성이 개인적인 것으로 편협해져 있기 때문입니다. 이제 눈물의 범위를 넓혀야 합니다. 세계의 평화, 한국의 정치와 같은 거대 담론까지 가지 않아도 됩니다. 그런 것들은 우리가 다 해결할 수도 없습니다. 그저 우리가 할 수 있는 일은 두 가지입니다. 한국교회를 보고 울어야 하고 사회의 연약한 자들, 우는 자들을 보고 함께 울어야 합니다.

그리스도인은 눈물의 사람이 되어야 합니다. 우리가 눈물을 흘릴 때 하나님이 살피시기 때문입니다. 예레미야처럼 눈물을 흘릴 때 그리스도의 향기가 드러날 것입니다.

오늘, 드리는 기도

주님, 눈물이 메마른 지가 오래입니다.
우리 교회가 교회의 역할을 하고 있습니까?
우리가 그리스도인의 역할을 하고 있습니까?
이 땅의 교회를 향한, 그리고 타인을 향한 메마른 눈물이
우리의 눈에서 다시 회복되게 하여 주십시오.
눈을 들어 하늘을 보게 하시고
어지러운 세상과 상한 영의 탄식 소리를 듣고
함께 울게 하여 주십시오.
예수 그리스도의 이름으로 기도드립니다. 아멘.

멘토링
14

시공간 촘촘하게 만들기
생활 속에서 말씀을 늘 곁에 두기

그리스도인의 향기는 시간과 공간을 촘촘하게 하나님을 생각하는 데서 나타납니다. 침상에서 일어날 때, 일터에 출근하여 일과를 시작할 때, 매끼 밥을 먹을 때, 크고 작은 일들을 감당할 때, 하루의 일과를 마무리할 때, 우리는 하나님을 자주 생각하는 것이 필요합니다. 그런 날들이 하루 이틀 이어지면 평생 주님과 동행하는 삶을 살게 됩니다.

feat. 시므온과 안나

　요셉과 마리아는 아기 예수를 데리고 예루살렘에 올라갔습니다. 유대인 율법의 관례에 따르면 자녀를 낳은 산모는 부정한 자로 여겨 아들을 낳았을 경우는 40일, 딸을 낳았을 경우는 80일 동안 성전 출입을 할 수 없었습니다. 성전의 출입 금지를 풀기 위한 정결 의식을 거친 후에야 가능해집니다. 또한 부부가 처음 낳은 장자는 하나님께 바쳐야 하기에 반드시 성전에 아기를 데리고 올라가야 합니다.
　해산한 여인의 성전 출입 금지가 풀리는 정결 예식에는 어린 양 한 마리나 비둘기 한 마리를 제물로 바치도록 했습니다. 가난한 자가 어린 양을 바칠 능력이 없을 경우에 비둘기 한 쌍으로 드릴 수 있도록 한 것입니다. 요셉과 마리아가 정결 예식으로 비둘기를 바친 것을 보면 그들은 빈궁한 삶을 살았던 것을 알 수 있습니다.

> 모세의 법대로 정결 예식의 날이 차매 아기를 데리고 예루살렘에 올라가니 이는 주의 율법에 쓴 바 첫 태에 처음 난 남자마다 주의 거룩한 자라 하리라 한 대로 아기를 주께 드리고 또 주의 율법에 말씀하신 대로 산비둘기 한 쌍이나 혹은 어린 집비둘기 둘로 제사하려 함이더라 눅 2:22-24

시므온 할아버지

아기 예수를 데리고 예루살렘 성전에 올라간 요셉과 마리아는 시므온이라는 할아버지를 만나게 됩니다. 시므온이란 이름은 '하나님이 들으셨다'라는 뜻으로 당시 유대인 중에는 흔한 이름이었습니다.

시므온 할아버지는 성경에 알려진 바가 거의 없는 인물이고 복음서에서도 누가복음에만 등장하는 인물입니다. 누가는 그가 의롭고 경건한 사람이라고 기록합니다.

예루살렘에 시므온이라 하는 사람이 있으니 이 사람은 의롭고 경건하여 이스라엘의 위로를 기다리는 자라 성령이 그 위에 계시더라 눅 2:25

'의롭다'라는 단어 디카이오스(δίκαιος)는 단순히 선하다, 정의롭다는 말이 아닙니다. 원칙이나 기준에 합당하게 하나님의 말씀을 잘 지킨다는 뜻으로 외적 실천에 관한 단어입니다. 또한 '경건하다'는 율라베스(εὐλαβής)는 종교적 행위의 열심을 뜻하는 말이 아닙니다. 하나님의 말씀을 잘 붙잡아 마음가짐이 신중하고 조심성 있다는 뜻으로 내적 신앙을 표현하는 말입니다.

그러니 시므온 할아버지는 하나님의 말씀을 항상 붙잡고 모든 언행에서 말씀대로 잘 따랐던 사람이라고 볼 수 있습니다. 즉, 내적으로도 외적으로도 하나님의 사람다운 삶을 살았습니다.

안나 할머니

요셉과 마리아는 예루살렘 성전에서 시므온 할아버지를 만난 후 안나 할머니를 만납니다. 안나라는 이름은 '은총'이라는 뜻인데 성경은 그녀가 결혼 후 7년 만에 과부가 되었고 그 뒤로 홀로 살아 84세가 되었다고 기록해 주고 있습니다.

또 아셀 지파 바누엘의 딸 안나라 하는 선지자가 있어 나이가 매우 많았더라 그가 결혼한 후 일곱 해 동안 남편과 함께 살다가 과부가 되고 팔십사 세가 되었더라 이 사람이 성전을 떠나지 아니하고 주야로 금식하며 기도함으로 섬기더니 눅 2:36-37

예수님이 태어나실 당시의 관습으로는 여성의 나이 평균 15세 전후로 결혼을 했습니다. 7년을 남편과 살다가 과부가 됐다고 할 경우, 안나 할머니는 60년 정도의 세월을 홀로 지낸 것으로 추정됩니다. 그런데 성경은 안나 할머니가 그 오랜 기간 성전을 떠나지 아니하고 주야로 기도했다고 기록합니다.

성전을 떠나지 아니하고 주야로 금식하며 기도했다는 것은 단순히 물리적으로 하루 24시간을 성전에서 보냈다는 뜻만이 아닙니다. 그것은 삶의 모든 문제를 하나님 앞에 나와서 풀었다는 뜻입니다. 안나 할머니는 삶의 크고 작은 모든 문제를 하나님께 나가서 푼 여인이었습니다.

시므온 할아버지와 안나 할머니 사이의 공통점은 무엇이었을까요? 그것은 생활 속에서 하나님을 자주 만난 사람이었다는 것과, 아무도 알아보지 못했던 메시아를 알아본 사람이었다는 것입니다.

성경은 이들을 성령에 이끌린 사람이라 말합니다. 성령의 사람이란 이런 사람들을 가리킵니다.

그가 주의 그리스도를 보기 전에는 죽지 아니하리라 하는 성령의 지시를 받았더니 성령의 감동으로 성전에 들어가매 마침 부모가 율법의 관례대로 행하고자 하여 그 아기 예수를 데리고 오는지라 눅 2:26-27

참으로 이상합니다. 성령은 오순절 다락방 사건에서 처음 나타난 것 아닌가요? 성경은 그렇지 않다고 말합니다. 이미 시므온 할아버지가 성령에 이끌려 살았던 사람이라고 말합니다.

당시 유대의 정치적 사회적 상황을 생각해 보면 참으로 암울했습니다. 헬라의 식민지로 있다가 잠시 독립을 했습니다만 다시 로마의 식민지가 되고 맙니다. 에돔 사람인 헤롯이 로마를 등에 업고 유대 땅의 왕이 되어 유대인들을 다스립니다. 열심당이 생겨 독립 투쟁을 하기도 하였지만 잡히는 대로 죽임을 당하는 살벌한 공포 정치의 시대가 바로 예수님이 태어날 당시의 상황이었습니다. 유대인들은 무기력해질 대로 무기력해져 있던 시대였습니다.

그렇다면 유대인들은 그 어려운 환경과 상황을 하나님을 향한 신앙으로 극복해 나갔을까요? 아니었습니다. 그들은 하나님을 믿는다고 하면서도 하나님은 없고 종교 지도자들에 의해 율법 조문만 강요된 율법 신앙을 가지고 있었습니다.

백성들에게 부담만 주는 형식화 된 종교가 당시의 유대교였던 것입니다. 더 나아가 종교가 정치권과 결탁해 정치에 참여하고 있었고 지배 세력을 돕고 있었습니다. 그로 인해 정치인들이 주는 높은 자리에서 자기 배만 채우는 종교 지도자들이 나날이 늘어나던 때가 바로 예수님이 태어나실 당시 유대 땅의 상황이었습니다. 한마디로 정치, 경제, 사회, 종교 모든 것이 암울한 시대였습니다.

그런 상황에서 유대인들의 단 하나의 소망이 있다면 그것은 그들을 구원해 줄 메시아를 기다리는 것뿐이었습니다. 그들은 구약의 예언대로 메시아가 와서 자신들을 구원해 주리라고 굳게 믿었습니다. 그들이 기다린 메시아는 큰 힘을 가지고 있는 분이라고 생각했습니다. 메시아는 로마인들을 몰아낼 힘이 있으리라 생각했기에 메시아가 강한 군대를 몰고 와 로마와 헤롯을 보기 좋게 물리쳐 줄 것을 기대했습니다.

그렇게 모든 유대인이 강한 힘을 갖고 오실 메시아를 찾고 있을 때 어린 양 한 마리조차 사지 못해 비둘기로 정결 예식을 지내야 했던 가난한 집안의, 그것도 장군이 아닌 어린 아기를 보면서 그분이 메시아임을 알아볼 사람은 없었을 것입니다. 그러나 시므온 할아버지와 안나 할머니는 그런 상황에서 메시아를 알아보았습니다. 성령의 사람이란 바로 이러한 사람입니다.

그리스도인에게 왜 향기가 나지 않을까요? 그것은 지금도 엉뚱한 메시아를 열망하고 있기 때문입니다. 힘 있는 왕으로 오셔서 우리에게 힘도 주고, 권세도 주고, 돈도 주는 그런 예수를 열망하기 때문입니다. 우리가 그런 예수를 기대하고 소망한다면 우리는 성령의 사람이 될 수 없을 것입니다. 거꾸로 말하면 힘없고 나약한 예수님을 메시아로 알아보는 자들만이 성령의 사람이라고 말할 수 있습니다. 성령의 사람은 바로 그리스도인의 향기를 내는 사람입니다.

하나님 자주 생각하기

오늘, 그리스도인으로 살기 위해서는 우리의 시간 속에서 자주 하나님의 말씀을 생각해야 합니다. 공간 속에서 자주 하나님을 드러내야 합니다. 시므온 할아버지와 안나 할머니와 같이 일상에서 하나님의 말씀을 품고 그 말씀대로 살려는 마음을 가져야 합니다. 삶의 모든 문제를 말씀으로 비추어 해결하려는 마음을 가져야 합니다. 그렇게 매일매일을 살 때 성령의 사람이 될 수 있습니다. 성령의 사람은 일시적으로 황홀경을 체험하는 사람이 아닙니다. 일상에서 주님을 볼 수 있는 사람입니다.

얼마 전 교인이 이사를 해서 심방을 했습니다. 그 댁의 아이들이 목사인 저를 얼마나 좋아해 주던지요. 아직 세간살이가 다 들어오지 않은 새집에서 어린아이들과 함께 둘러앉아 예배를 드리는데 할머니께서 아이들이 저를 좋아하는 이유를 말씀해 주셨습니다. 매일 밤 잠들기 전, 아이들과 저의 설교를 듣는다는 것이었습니다. 그러면 아이들은 목사인 제 설교를 들으면서 잠을 잔다고 합니다.

그런데 이상한 일이 벌어졌습니다. 이사 감사 예배를 드리면서 제가 설교를 하니까 아이들이 잠이 들기 시작했습니다. 매일 밤 제 설교를 들으면서 잔다는 말이 사실이었던 것입니다. 매일 말씀을 들으며 자는 아이들이 너무 기특해서 아이들을 마음껏 축복해 주고 왔습니다. 목사로서 너무 기쁜 하루였습니다.

복 있는 사람은 악인들의 꾀를 따르지 아니하며 죄인들의 길에 서지 아니하며 오만한 자들의 자리에 앉지 아니하고 오직 여호와의 율법을 즐거워하여 그의 율법을 주야로 묵상하는도다
시 1:1-2

이 율법책을 네 입에서 떠나지 말게 하며 주야로 그것을 묵상하여 그 안에 기록된 대로 다 지켜 행하라 그리하면 네 길이 평탄하게 될 것이며 네가 형통하리라 수 1:8

그리스도인은 큰 능력이 없어도 됩니다. 큰 능력을 바라지 않아도 괜찮습니다. 힘으로 영향력을 미치지 못해도 괜찮습니다. 커지지 않아도 되고 높아지지 않아도 됩니다. 그리스도의 향기는 그런 힘에서 나타나는 것이 아니기 때문입니다.

그리스도인의 향기는 시간과 공간에서 촘촘하게 하나님을 생각하는 데서 나타납니다. 아침에 침상에서 일어날 때, 일터에 출근하여 일과를 시작할 때, 매끼 밥을 먹을 때, 크고 작은 일들을 감당할 때, 하루의 일과를 마무리할 때, 우리는 하나님을 자주 생각하는 것이 필요합니다. 그런 날들이 하루 이틀 이어지면 평생 주님과 동행하는 삶을 살게 됩니다.

그렇게 촘촘히 하나님을 생각하는 삶을 살아갈 때 성령의 사람이 되고 메시아를 알아보는 사람이 됩니다. 메시아를 알아볼 수 있어야 주님을 바르게 따라갈 수 있습니다.

오늘, 드리는 기도

주님, 주님을 주야로 자주 생각하게 하여 주십시오.
주님을 여기저기서 자주 드러내게 하여 주십시오.
그렇게 날마다 더 주님께 가까이 가는
우리가 되게 하여 주십시오.
주님을 제대로 보고 따라가게 하여 주십시오.
예수 그리스도의 이름으로 기도드립니다. 아멘.

멘토링
15

늑대와 싸워 이기기
스승이신 예수님이 가신 길을 따라가기

그리스도인은 세상과 싸워 장렬하게 전사해야 합니다. 하나님의 방법을 고집해 사는 것 그 자체가 전투이며 전사입니다. 그럴 때 비로소 열매가 맺히고 우리는 결국 늑대와의 전투에서 이기게 됩니다. 그리스도의 군사란 잘 죽기 위해 훈련된 사람들이기 때문입니다. 빨리 죽고 잘 죽을 때 향기는 퍼집니다.

> feat. 70명의 제자

　예수님과 70명의 제자는 아주 각별한 사이였습니다. 예수님이 직접 선발하셔서 훈련을 시키셨고 각 마을로 파송하셨습니다. 예수님을 따르던 수많은 무리와는 사뭇 다르게 아끼고 기대하신 제자들이었습니다. 제자들을 통해 복음이 전해지기를 원하여 선발하셨고, 그들이 효과적으로 그 미션을 잘 감당하도록 그들과 함께 지내며 훈련하신 것입니다.
　그러나 성경을 보면 이해할 수 없는 부분이 나옵니다. 그렇게 마음으로 아끼며 훈련해 온 제자들을 사지(死地)로 몰아넣으시는 대목입니다.

갈지어다 내가 너희를 보냄이 어린 양을 이리(늑대) 가운데로 보
냄과 같도다 눅 10:3

늑대와 양, 그것도 어린 양과의 관계를 생각하면 절대 그리로 보내서는 안 되는 상황입니다. 자연계의 먹이사슬에서 양은 늑대의 먹잇감이기에, 절대로 늑대에게 가도록 두어서는 안 됩니다. 적어도 양을 사랑하는 스승이라면 더욱 그렇게 해서는 안 될 것입니다.

그런데 예수님은 어린 양 같은 제자들을 늑대들이 득실거리는 곳으로 보내십니다. 이것은 분명 지는 싸움이고 죽는 싸움인데 예수님은 그런 곳으로 제자들을 보내십니다. 예수님은 왜 제자들을 지는 싸움에 보내시는 것일까요? 그 답은 누가복음 10장 2절에 나옵니다.

이르시되 추수할 것은 많되 일꾼이 적으니 그러므로 추수하는
주인에게 청하여 추수할 일꾼들을 보내 주소서 하라 눅 10:2

예, 목적은 추수입니다. 싸워서 이기는 것이 목적이 아니라 추수가 목적인 것입니다. 지금 제자들은 추수라는 목적을 이루기 위하여 보냄을 받습니다.

동서고금을 막론하고 무엇인가 목적을 달성하기 위해서는 일반적으로 두 가지를 중요하게 생각합니다. 첫째는 시기입니다. '언제 할 것인가?'라는 시기의 판단은 매우 중요하기 때문입니다. 겨울 상품을 겨울에 준비해서는 안 됩니다. 겨울에 팔기 위해서는 여름에 이미 준비가 끝나야 합니다. 청소년을 대상으로 하는 영화를 학기 중에 개봉해서는 안 되겠지요. 이렇듯 생활 중에 일어나는 모든 일은 시기의 적절함이 필요합니다. 하다못해 이사 날짜를 잡는 것도 시기를 잘 선택해야 합니다. 장마철에 날을 잡는 사람은 없을 것입니다. 시기를 잘 선택해야 기업도 개인도 성장할 수 있습니다.

또 하나는 사람입니다. 일을 누구에게 맡길 것인가? 하는 문제입니다. 어떤 목적을 이루기 위해서 그에 적합한 인물을 찾는 것은 그래서 매우 중요합니다. 인간의 화성 이주를 준비하기 위해 화성으로 사람을 보낼 때, 기획 능력이 뛰어난 유능한 회사원을 보내지는 않습니다. 전교 1등을 한 공부 잘하는 학생을 보내지도 않습니다. 인내심이 무척 강하고 남들보다 오래 참는 능력이 있다고 아무나 보낼 수는 없습니다. 그에 맞는 훈련을 거친 우주인을 선발하여 보내야 합니다. 마찬가지입니다. 추수라는 미션을 달성하기 위해서도 시기와 사람이 중요합니다.

시기, 적당한 때나 기회

예수님이 제자들을 보내신 그 시기를 눈여겨보아야 합니다. 그러기 위해서는 바로 앞 장인 누가복음 9장이 어떤 상황인지 살펴볼 필요가 있습니다. 헤롯왕이 세례요한의 목을 베었다는 사실과, 예수라는 새로운 위험인물에 대해서 헤롯이 주의 깊게 지켜보고 있음이 나타납니다. 또한 예수님이 죽음을 예고하시는 모습이 나옵니다.

> 헤롯이 이르되 요한은 내가 목을 베었거늘 이제 이런 일이 들리니 이 사람이 누군가 하며 그를 보고자 하더라 눅 9:9

> 이르시되 인자가 많은 고난을 받고 장로들과 대제사장들과 서기관들에게 버린 바 되어 죽임을 당하고 제삼일에 살아나야 하리라 하시고 또 무리에게 이르시되 아무든지 나를 따라오려거든 자기를 부인하고 날마다 제 십자가를 지고 나를 따를 것이니라 눅 9:22-23

종합해 보면 누가복음 10장은 당시 제자를 파송하기에는 때가 매우 위험하고 위급한 상황이었음을 알려 줍니다. 예수를 따르는 자들을 강도 높게 탄압하기 시작한 시기라는 것을 말해 줍니다.

사회적 동요를 우려해 세례요한을 죽인 다음 예수님이 새롭게 그 대상이 되신 때입니다. 이럴 때는 예수님의 제자인 것이 드러나면 신변이 매우 위험해집니다. 이런 시기에는 잠시 숨어야 안전할 수 있습니다. 예수님의 제자뿐 아니라 예수님을 따르는 사람들까지 전부 위험한 시기입니다. 그런데 예수님은 그때가 추수하기에 최고의 적기라고 말씀하십니다.

인재, 어떤 일을 할 수 있는 능력을 갖춘 사람

어린 양을 늑대가 득실거리는 곳으로 보내는 것은 상식적이지 않습니다. 늑대의 세상에 양을 보내는 일처럼 어리석은 짓은 없을 것입니다. 왜 하필 양일까요? 늑대의 소굴로 보내려면 사자나 호랑이를 보내는 편이 맞을 것입니다. 아니면 제자들도 사자나 호랑이처럼 강하게 훈련하여 보내야 합니다. 그러나 예수님은 제자들을 어린 양이 되도록 훈련하신 것 같습니다.

좋은 제자란 스승에게 가르친 보람을 주는 제자입니다. 스승은 자신을 뛰어넘는 제자를 매우 좋아합니다. 좋은 제자란 배우고(학습), 따르고(실천), 결국 스승을 뛰어넘어야(발전) 합니다. 그래야 좋은 제자입니다. 소크라테스에게는 플라톤이라는 제자가 있었고,

플라톤에게는 아리스토텔레스라는 제자가 있었습니다. 공자에게도 맹자라는 훌륭한 제자가 있었습니다. 청출어람 청어람(靑出於藍 靑於藍)은 '푸른 빛이 쪽빛보다 더 푸르다'라는 뜻으로 제자가 스승보다 나을 때 쓰는 말입니다.

우리의 스승이신 예수님이 가신 길은 십자가의 길, 죽음의 길입니다. 그러면 제자인 우리도 스승이 가신 그 길을 가야 합니다. 아니 좋은 제자라고 한다면 더 잘 가야 합니다. 그러나 우리는 예수님을 뛰어넘을 수가 없습니다. 우리가 아무리 스승을 뛰어넘으려 해도 십자가를 지신 예수님의 그 고난의 길을 뛰어넘을 수는 없을 것입니다.

그러기에 예수님의 제자가 살아가야 할 최고의 삶은 스승이 간 길을 본받아 실천하는 것입니다. 흉내를 내는 것입니다. 늑대가 득실거리는 매우 어려운 때, 스승이신 예수님이 가신 길은 십자가의 길이요 죽음의 길이었듯이 제자인 우리가 가야 하는 길은 순교의 길입니다.

그것이 좋은 제자가 되는 길이고, 미션을 잘 감당하는 유일한 길입니다. 예수님은 우리에게 열매를 맺기 위한 하나의 원리를 이미 가르쳐 주셨습니다. 그리고 스승인 당신께서 먼저 그 길을 가셔서 많은 열매가 열리게 하셨습니다.

> 내가 진실로 진실로 너희에게 이르노니 한 알의 밀이 땅에 떨어져 죽지 아니하면 한 알 그대로 있고 죽으면 많은 열매를 맺느니라 요 12:24

70인의 훈련된 제자들이 보냄을 받은 목적은 이리들과 힘으로 싸워서 이기는 것이 아니었습니다. 그들이 보냄을 받은 목적은 자신의 죽음으로 열매를 얻는 것입니다. 예수님이 제자들을 보내신 목적이 추수이기 때문입니다.

추수에 효과적인 방법은 죽음밖에는 없습니다. 그래서 주님은 제자들을 보내실 때 제일 '잘' 죽을 수 있는 시기에, 제일 '빨리' 죽을 수 있도록 그들을 보내십니다.

C.S.루이스(C. S. Lewis, 1898~1963)는 『순전한 기독교』에서 "기독교인은 악의 세력이 점령한 영토에서 활동하는 지하 레지스탕스 저항 세력이다. 따라서 주일예배 설교는 지하교회가 내리는 비밀 지령이다"라고 말합니다. 그러하기에 "예배의 설교에는 비장한 전투를 위한 전술 전략이 있어야 하고, 독립 국가(하나님 나라)에 대

한 소망이 있어야 하며, 동료에 대한 전우애가 넘쳐야 한다"고 강조합니다.

교회는 훅 불면 없어지는 그런 나약한 곳이 아닙니다. 교회 안에 사람들의 문제와 갈등으로 상처와 싸움만 있다면 그것은 비전투 손실(전투 이외의 요인으로 인한 손실)만 늘 뿐입니다. 그리스도인은 세상과 싸워 장렬하게 전사해야 합니다. 하나님의 방법을 고집해 사는 것 그 자체가 전투이며 전사입니다. 그럴 때 비로소 열매가 맺히고 우리는 결국 늑대와의 전투에서 이기게 됩니다. 그리스도의 군사란 잘 죽기 위해 훈련된 사람들이기 때문입니다. 빨리 죽고 잘 죽을 때 향기는 퍼집니다.

오늘, 드리는 기도

주님, 우리는 세상과 싸우기 위해 훈련받는
주님의 군사입니다.
추수를 잘하기 위해 부름받은 주님의 제자입니다.
늑대와 싸워 이기는 방법은
빨리 죽고 잘 죽는 것밖에 없습니다.
오늘도 이 전투력으로 모든 악의 세력을 이기게 하여 주십시오.
내가 땅에 떨어져 죽음으로 많은 열매를 얻게 하여 주십시오.
어디를 가든 누구를 만나든 그렇게 잘 죽는
주님의 군사가 되게 하여 주십시오.
예수 그리스도의 이름으로 기도드립니다. 아멘.

멘토링
16

눈에는 눈, 이에는 이 포기하기
죽어야 생명을 얻는 하나님의 방법으로 살기

사람들은 눈에는 눈, 이에는 이로 살아갑니다. 그것을 세상의 이치로 여기고 정의라고 생각합니다. 그러나 예수님은 그 이치와는 정반대로 살아가셨습니다. 억울하게 사셨습니다. 알리지 않고 조용하게 사셨습니다. 십자가를 지기 위한 목적으로 오셨기 때문에 33년간의 삶도 똑같은 모습으로 사신 것입니다.

> feat. 예수 그리스도

    현대사회를 고도의 정보사회라고 말합니다. 영국의 비평가 토마스 칼라일(Thomas Carlyle, 1795~1881)은 이미 170년 전에 '언론이 제4의 권력'이라는 말을 처음 썼습니다. 정보가 곧 힘이라는 것을 예측한 것입니다.

    오늘날 한 개인이나 집단의 성공은 '자기 알리기'에 그 승패가 달려있다고 해도 과언이 아닙니다. 사람들에게 많이 알려지고 유명해지는 것이 곧 성공을 의미하고, 성공은 돈과 연관되기 때문입니다. 유튜버들이 '구독'과 '좋아요', '알람 설정'을 부탁하는 이유도 이렇게 해서 유명해지는 것이 수입과 직결되기 때문입니다.

이러한 정보사회는 자신을 알리는 것도 중요하지만 남의 마음을 알아내는 것도 중요합니다. 다른 이들의 마음을 알아야만 성공하는 시대가 도래했기 때문입니다. 미국의 백화점은 고객의 시선이 어디에 머무느냐에 따라 그 사람의 소비 성향을 파악해 모바일로 상품 정보를 보낸다고 합니다. 빅 데이터로 사람의 마음을 알아내는 것입니다. 실제로 미국의 한 여고생이 백화점에서 유아용품 매장을 두리번거리다 돌아갔는데 얼마 후 그 집으로 유아용품 카탈로그가 발송되었습니다. 영문을 모르던 부모가 백화점에 항의했다가 딸의 임신 사실을 뒤늦게 알게 되었습니다. 빅데이터가 이미 우리 생활 깊숙이 와 있음을 보여 준 사건이 아닐 수 없습니다. 이렇게 정보는 나날이 매우 중요하게 사용되고 있습니다.

예수님도 이 땅에 오신 목적을 보다 잘 이루시기 위해서는 예수님을 많이 알리시는 것이 유리했습니다. 그런데 예수님은 이 땅에 사시는 동안 그리스도이심을 철저히 감추셨습니다. 베들레헴 구유에서의 초라한 탄생은 동방박사와 목자들 그리고 극히 일부 사람들에게만 알려졌습니다. 애굽으로의 피신은 매우 비밀스럽게 진행되었고, 예루살렘 성전에 가신 예수님은 딱 두 사람, 시므온 할아버지와 안나 할머니만 알아볼 뿐이었습니다.

예수님이 사역을 하실 때에도 마찬가지였습니다. 많은 병자를 고치시고는 그럴 때마다 아무에게도 알리지 말라고 당부하셨습니다. 벳새다 지역에서 오병이어의 기적을 나타내신 후에는 몰려드는 군중을 피하여 갈릴리 호수 반대편으로 배를 타고 도망가듯 사라지셨습니다. 예루살렘 입성 때에는 왕의 모습이 아닌 나귀를 타고 초라하게 오셨고, 빌라도 앞에서의 모습은 그야말로 나약한 인간의 모습이었기에 제자들도 예수님 곁을 모두 떠나고 말았습니다. 십자가를 지시고 못 박히실 때는 죄인의 모습으로 돌아가셨습니다.

메시아 비밀

온 세상에 모두 알려야 하는 상황에서, 아니 많이 알려져도 시원치 않은 상황에서, 예수님은 오히려 모든 것을 비밀스럽게 여길 정도로 감추셨습니다. 그러면서 하나님의 법칙을 하나 알려주셨습니다. 그것은 감춰져야 드러나고 은폐되어야 더욱 알려진다는 하나님 나라의 법칙입니다.

이것을 메시아 비밀이라고 말합니다. 감춰져야 알려지고, 낮아져야 높아지고, 가난해야 부요해지고, 약해야 강해지는 이것이 바로 메시아 비밀입니다.

목적과 수단은 같아야 합니다. 사랑을 이루기 위해 미워하고 싸울 수는 없는 일입니다. 독재의 힘으로 민주주의를 이룰 수는 없는 노릇입니다. 제가 싫어하는 속담 중 하나가 "개 같이 벌어 정승같이 쓴다"입니다. 수단과 목적이 같지 않음을 보여 주는 대표적인 속담이라 생각합니다. 예수님은 목적과 수단이 같은 분이셨습니다. 예수님이 이 땅에 오신 목적은 죽어야 사는 것을 알려 주시려 함이었습니다. 그러기 위해 예수님은 그 원리대로 하루하루를 사셨습니다. 낮아져야 높아지고, 약해야 강해지고, 가난해야 부요해지는 것을 가르치고 실천하셨습니다. 이 비밀을 알지 못하면 하나님의 나라는 이룰 수 없기 때문입니다.

오늘 우리 그리스도인의 삶에는 평화가 있을까요? 그리스도인의 가정에는 사랑이 있을까요? 일터에는 하나님의 자녀인 나로 인해 평화가 깃들고 있을까요? 주변 사람들은 나로 인해 기쁨과 평화를 누리고 있을까요?

하나님 나라를 이루기 위해서는 내가 발을 딛고 있는 모든 곳에서 메시아 비밀이 실천되어야 합니다. 남보다 높아지려 하고, 이기려 하고, 알리려 하고, 내 뜻을 관철하려 하고, 다른 사람을 누르려는 모습으로는 절대 하나님 나라를 이룰 수 없기 때문입니다. 하나님의 자녀들이 가는 곳은 언제나 하나님 나라가 엿보여야 합니다. 그런 향기를 발하지 못한다면 우리의 신앙은 아무런 의미가 없기 때문입니다.

주님께 묻고 싶은 말

CBS 기독교 방송 〈올포원〉에 출연한 적이 있습니다. 그 프로그램에는 '돌발 질문'이라는 시간이 있습니다. 방송이지만 정말 대본에는 없는 질문을 해서 패널들을 당황케 하는 코너입니다. 한번은 이 시간에 이런 질문이 있었습니다. 성경 속 시대로 돌아가 딱 한 번 예수님을 만날 기회가 주어진다면 무엇을 하고 싶으냐는 질문이었습니다.

그때 저는 대제사장 가야바의 집 뜰로 가서 심문받는 예수님을 만나 여쭙고 싶다고 대답하였습니다. 가야바의 뜰은 예수님을 죽이기 위한 종교재판이 열렸던 곳입니다. 거짓 증인 둘을 세워서 예수님께 사형 선고를 내렸던 곳이기도 합니다.

> 대제사장들과 온 공회가 예수를 죽이려고 그를 칠 거짓 증거를 찾으매 거짓 증인이 많이 왔으나 얻지 못하더니 후에 두 사람이 와서 이르되 이 사람의 말이 내가 하나님의 성전을 헐고 사흘 동안에 지을 수 있다 하더라 마 26:59-61

그뿐이 아니었습니다. 어떤 사람은 예수님 얼굴에 침을 뱉고 주먹으로 때리기까지 하였습니다.

이에 예수의 얼굴에 침 뱉으며 주먹으로 치고 어떤 사람은 손바닥으로 때리며 이르되 그리스도야 우리에게 선지자 노릇을 하라 너를 친 자가 누구냐 하더라 마 26:67-68

예수님은 최소한의 변명이나 방어를 하지 않으셨습니다. 법적으로 보장되는 최후의 진술도 하지 않으셨습니다. 예수님이 이 땅에 오신 목적을 이루시기 위해 죽는 순간까지 같은 모습으로 일관하셨습니다. 제가 예수님께 여쭤보고 싶은 것은 이것입니다.

"예수님, 기분 나쁘지 않으세요?"
"억울하지 않으세요?"
"왜 바보같이 맞고만 계시나요?"
"최소한 이에는 이, 눈에는 눈으로 갚아야 하는 것 아닌가요?"

저는 이 질문들을 꼭 하고 싶었습니다. 예수님은 그 억울한 마음을 어떻게 하셨는지 정말 궁금했기 때문입니다. 그런데 그때 제 마음속에 예수님이 들려주시는 대답은 이랬습니다.

"이미 다 말해 줬는데 뭘 새삼스럽게 알고 싶으냐?"

또 눈은 눈으로, 이는 이로 갚으라 하였다는 것을 너희가 들었으나 나는 너희에게 이르노니 악한 자를 대적하지 말라 누구든지 네 오른편 뺨을 치거든 왼편도 돌려 대며 또 너를 고발하여 속옷을 가지고자 하는 자에게 겉옷까지도 가지게 하며 또 누구든지 너로 억지로 오 리를 가게 하거든 그 사람과 십 리를 동행하고 네게 구하는 자에게 주며 네게 꾸고자 하는 자에게 거절하지 말라 마 5:38-42

도대체 왜 이렇게까지 해야 할까요? 성경은 그 답을 다음과 같이 말해 줍니다.

이같이 한즉 하늘에 계신 너희 아버지의 아들이 되리니 … 그러므로 하늘에 계신 너희 아버지의 온전하심과 같이 너희도 온전하라 마 5:45, 48

너희 안에 이 마음을 품으라 곧 그리스도 예수의 마음이니 그는 근본 하나님의 본체시나 하나님과 동등됨을 취할 것으로 여기지 아니하시고 오히려 자기를 비워 종의 형체를 가지사 사람들과 같이 되셨고 사람의 모양으로 나타나사 자기를 낮추시고 죽기까지 복종하셨으니 곧 십자가에 죽으심이라 빌 2:5-8

이런 말씀을 전하고 나면 성도들이 제게 묻습니다. "목사님은 왜 이런 이야기만 해주세요?" 하지만 아무리 성경을 봐도 답은 그것밖에 없습니다. 창세기 1장부터 요한계시록 마지막 장까지 다 똑같습니다. 돈 버는 법 알고 싶습니까? 그리스도인으로 영향력을 얻는 법을 알고 싶습니까? 아무리 성경을 봐도 죽어야 생명을 얻는 이야기밖에 없습니다. 세상 사람들은 눈에는 눈, 이에는 이로 살아갑니다. 그것을 세상의 이치로 여기고 정의라고도 생각합니다. 그러나 예수님은 세상의 그 이치와는 정반대로 살아가셨습니다. 억울하게 사셨습니다. 알리지 않고 조용하게 사셨습니다. 십자가를 지기 위한 목적으로 오셨기 때문에 33년간의 삶도 똑같은 모습으로 사신 것입니다.

메시아 비밀은 낮아지는 것이지만 사라지는 것은 아닙니다. 감추는 것이지만 없어지는 것이 아닙니다. 알리지 않는 것이지만 잊히는 것이 아닙니다. 결국 가장 높아지고 가장 강력해지는 것이며 가장 멀리 가는 소식입니다. '눈에는 눈, 이에는 이'를 포기할 때 그리스도인의 향기는 더 널리 퍼집니다.

오늘, 드리는 기도

주님, 주님의 나라를 이루기 위해서는
주님의 방법대로 살아야 함을 깨닫습니다.
하나님 나라를 이루시기 위해 우리를 부르셨는데
이 땅을 살아갈 때 반드시
하나님의 방법으로 살아가게 하여 주십시오.
예수님이 가셨던 그 길을 우리도 갈 수 있도록
매일매일 용기를 주십시오.
예수 그리스도의 이름으로 기도드립니다. 아멘.

사명선언문

너희가 흠이 없고 순전하여……세상에서 그들 가운데 빛들로
나타내며 생명의 말씀을 밝혀 _ 빌 2:15-16

1. 생명을 담겠습니다
만드는 책에 주님 주신 생명을 담겠습니다.
그 책으로 복음을 선포하겠습니다.

2. 말씀을 밝히겠습니다
생명의 근본은 말씀입니다.
말씀을 밝혀 성도와 교회의 성장을 돕겠습니다.

3. 빛이 되겠습니다
시대와 영혼의 어두움을 밝혀 주님 앞으로 이끄는
빛이 되는 책을 만들겠습니다.

4. 순전히 행하겠습니다
책을 만들고 전하는 일과 경영하는 일에 부끄러움이 없는
정직함으로 행하겠습니다.

5. 끝까지 전파하겠습니다
모든 사람에게, 땅 끝까지, 주님 오시는 그날까지
복음을 전하는 사명을 다하겠습니다.

서점 안내

광화문점 서울시 종로구 새문안로 69 구세군회관 1층
02)737-2288 / 02)737-4623(F)

강남점 서울시 서초구 신반포로 177 반포쇼핑타운 3동 2층
02)595-1211 / 02)595-3549(F)

구로점 서울시 동작구 시흥대로 602, 3층 302호
02)858-8744 / 02)838-0653(F)

노원점 서울시 노원구 동일로 1366 삼봉빌딩 지하 1층
02)938-7979 / 02)3391-6169(F)

일산점 경기도 고양시 일산서구 중앙로 1391 레이크타운 지하 1층
031)916-8787 / 031)916-8788(F)

의정부점 경기도 의정부시 청사로47번길 12 성산타워 3층
031)845-0600 / 031)852-6930(F)

인터넷서점 www.lifebook.co.kr